Sabine Hildebrandt-Woeckel

Der erfolgreiche Jobwechsel

AF281059

Für meinen jüngsten Sohn Simon

Sabine Hildebrandt-Woeckel

Der erfolgreiche Jobwechsel

Wie Sie die Weichen
richtig stellen

GABLER

Bibliografische Information der Deutschen Nationalbibliothek
Die Deutsche Nationalbibliothek verzeichnet diese Publikation in der
Deutschen Nationalbibliografie; detaillierte bibliografische Daten sind im Internet über
<http://dnb.d-nb.de> abrufbar.

1. Auflage 2011

Alle Rechte vorbehalten
© Gabler Verlag | Springer Fachmedien Wiesbaden GmbH 2011

Lektorat: Irene Buttkus

Gabler Verlag ist eine Marke von Springer Fachmedien.
Springer Fachmedien ist Teil der Fachverlagsgruppe Springer Science+Business Media.
www.gabler.de

Umschlaggestaltung: KünkelLopka Medienentwicklung, Heidelberg
Gedruckt auf säurefreiem und chlorfrei gebleichtem Papier
Printed in Germany

ISBN 978-3-8349-2034-8

Statt eines Vorworts: Nur Mut!

Sie halten ein Buch in der Hand, das den Titel „Der gelungene Jobwechsel" trägt. Warum? Wahrscheinlich stimmt irgendetwas nicht mehr in Ihrem Berufsleben. Sehnen Sie schon am Vormittag den Feierabend herbei? Haben Sie die Freude an der Arbeit verloren? Wünschen Sie sich neue Herausforderungen? Oder macht Ihnen der Druck von außen zu schaffen: die letzte schlechte Quartalsbilanz, Negativberichterstattung in der Presse oder gar erste Entlassungen in Ihrer Nähe? Wie dem auch sei: Sie sind an einem Punkt angelangt, an den heute fast jeder Berufstätige mehrmals im Leben kommt. Gleichgültig, mit wie viel Euphorie er am Anfang in die aktuelle Beschäftigung gestartet ist, irgendwann hat er einen Scheitelpunkt erreicht. Ein Wechsel liegt in der Luft. Vielleicht ist es die gerade knapp überstandene Wirtschaftskrise, vielleicht ist es auch eine rein persönliche Entscheidung.

Fest steht: Die Zeiten, in denen die Berufs- und Arbeitgeberwahl eine Lebensentscheidung war, sind vorbei. Kaminkarrieren gehören längst der Vergangenheit an. Im Sommer 2009 antworteten immerhin 60 Prozent der EU-Bürger ab 15 auf die u.a. von TNS Infratest vorgelegte Frage, wie oft sie in ihrem Leben schon ihren Arbeitsplatz gewechselt hätten, mit ein- bis fünfmal. In Deutschland waren es sogar 66 Prozent. Wer heute neu ins Arbeitsleben einsteigt, sich erstmals orientiert, sich Aufgaben und kollegiale Beziehungen erarbeitet, der kann damit rechnen, dass er diesen Prozess noch einige Male wiederholen wird – zu Beginn der Karriere vermutlich häufiger als mit 30 oder 40. Aber auch danach muss es mit dem Wechseln noch nicht vorbei sein.

Ein Jobwechsel mag zwar mit Unsicherheiten behaftet sein, hat aber auch viele positive Seiten: Unbestritten erweitert er den Horizont. In der Regel verbessert er auch die Situation des Umsteigers. Wechsler erhalten meist interessantere Aufgaben als bisher, mehr Gehalt, mehr Verantwortung oder sogar mehr Entscheidungsbefugnisse. Dies ist ja auch die Intention, wenn der Jobwechsel freiwillig, also aus Karrierestreben, erfolgt. Und es kann sogar dann der Fall sein, wenn der Jobwechsel unfreiwillig geschieht, etwa, weil der Arbeitgeber Ihnen kündigt oder insolvent ist. Vorausgesetzt: Der Umstieg gelingt!

Und genau aus diesem Grund macht der Gedanke an einen Wechsel vielen Menschen auch Angst und lässt sie zögern. Zahlreiche Studien zeigen: 90 Prozent der Arbeitnehmer sind unzufrieden mit ihrem Job, haben aber Angst vor dem Jobverlust und fürchten, sich nicht mehr weiterentwickeln zu können. Betroffen sind keineswegs nur die „kleinen" Angestellten. Auch Managern geht es so, wie eine Umfrage des Institutes für Mittelstandsforschung an der Leuphana Universität Lüneburg unter mehr als 2.200 Fach- und Führungskräften ergab. Nur jeder Zweite rechnete 2009 noch mit einem beruflichen Aufstieg. Doch statt sich aktiv nach Alternativen umzusehen oder auf Jobsuche zu gehen, verfielen die Betroffenen mehrheitlich in Apathie.

Dieses Buch will nicht um jeden Preis zum Wechsel auffordern, denn natürlich kann es Zeiten und Umstände geben, in denen ein Verbleib im Unternehmen die bessere Alternative ist (siehe Kapitel 1, Was mich treibt: Die eigene Motivation hinterfragen, Seite 13). Gleichwohl will es Mut machen, den Jobwechsel immer dann zu wagen, wenn Sie seine Notwendigkeit erkannt haben – auch wenn die Gegebenheiten zunächst ungünstig scheinen.

Überdies will Ihnen dieses Buch konkret beim erfolgreichen Jobwechsel helfen und Sie in den verschiedenen Phasen unterstützen. Schritt für Schritt erfahren Sie den folgenden fünf Kapiteln, wie der erfolgreiche Jobwechsel gelingt. Nicht alle Abschnitte treffen dabei auf jeden Leser zu, denn natürlich macht es einen Unterschied, ob das eigene Unternehmen vor der Insolvenz steht oder ob der Headhunter dreimal klingelt. Aber jeder, der einen Jobwechsel in Betracht zieht, bekommt hier die richtigen Anstöße. Also: Nur Mut und viel Erfolg!

München, im Sommer 2010   Sabine Hildebrandt-Woeckel

Inhalt

1. Zeit zu gehen?

Erste Gedanken an Abwanderung

Fünf Jahre ist es her, da sah sich Peter Baumann[1] am Ziel seiner Träume. Er war gerade 34 geworden, sein Job füllte ihn nicht mehr aus und ganz zaghaft hatte er auch schon erste Fühler nach Alternativen ausgestreckt. Da wurde ihm unverhofft eine Traumposition angeboten: als Marketingleiter eines großen Handelskonzerns. Baumann zögerte nicht lange, sagte zu und stürzte sich vom ersten Tag an in die Arbeit. Er entwickelte Kampagnen, setzte sie um und fühlte sich „richtig gut".

Die harte Landung kam nach knapp einem Jahr. Bis dahin hatte niemand mit ihm gesprochen, aber als er ihm die Kündigung überreichte, formulierte sein Vorgesetzter drastisch: eine schwere Enttäuschung. Zuvor hatte Baumann die gleiche Position bei einem mittelständischen Konsumgüterproduzenten innegehabt und von dort gute Referenzen mitgebracht. Jetzt sah er sich von einem Tag auf den anderen am Ende der Karriere.

Sie mögen sich vielleicht darüber wundern, dass dieses Buch mit dem Negativbeispiel für einen misslungenen Wechsel beginnt. Doch es handelt sich um einen Klassiker, denn was Baumann erlebte, ist kein Einzelfall: Niemand in seiner neuen Umgebung hatte den Mut, ihm ehrlich zu sagen, dass er mit seinen Aktivitäten auf dem falschen Weg war. Und auch er selbst schaffte es, alle warnenden Anzeichen zu ignorieren. Damit kann er als Paradebeispiel gelten.

Leider hatte Baumann so ziemlich alles falsch gemacht, was man falsch machen kann – und zwar schon weit im Vorfeld des Wechsels. Bei seinem alten Arbeitgeber hatte er sich nicht mehr ganz wohl gefühlt. Doch statt sich ernsthaft mit seinem Wunsch nach einem Wechsel auseinanderzusetzen, seine eigenen Fähigkeiten und Wünsche zu hinterfragen, entschloss er sich zur Flucht nach vorn. Der Wechsel in einen Großkonzern sei einfach der nächste Karriereschritt gewesen, beschreibt er im Nachhinein seine Motivation. Es lockten

---

1   Alle Namen von Betroffenen wurden für dieses Buch verfremdet, dennoch sind alle Beispielfälle real

mehr Macht, glänzende Karriereaussichten und mehr Geld. Das reichte ihm. Weiter dachte er nicht nach.

Und auch als es dann beim neuen Arbeitgeber immer noch nicht rund lief, verdrängte Baumann das Grummeln im Magen. Kritische Nachfragen gab es, aber nie ein deutliches „Halt!". Natürlich, gibt er heute unumwunden zu, habe er gespürt, dass nicht alles optimal war, dennoch gaukelte er sich vor, die Situation im Griff zu haben – bis er die Kündigung in Händen hielt.

Fazit: Unzufriedenheit mit dem Ist-Zustand genügt noch nicht, um einen Wechsel vorzubereiten. Auch das verlockendste Jobangebot hält nicht stand, wenn es nicht auf den Wechsler zugeschnitten ist. Und das kann nur dann vorab eingeschätzt werden, wenn der potenzielle Wechsler seine eigenen Stärken und Fähigkeiten genau kennt. Das belegt nicht nur dieses Beispiel. Auch eine 2005 vom Bund Deutscher Unternehmensberater (BDU) durchgeführte Befragung kommt zu den gleichen Ergebnissen: In zahlreichen Gesprächen mit Experten wurden zunächst zehn Karriere-Stolpersteine identifiziert und dann von Personal- und Outplacementberatern nach Wichtigkeit eingestuft. Das eindeutige Ergebnis: 53 Prozent der Berater sahen eine falsche Selbsteinschätzung als häufigsten Grund für unerwartete Rückschläge an. Das heißt im Klartext: Vor jedem Wechsel **muss** eine gründliche Analyse stehen. Eigentlich, darin sind sich Personalexperten einig, müsste eine solche Bestandsaufnahme sogar regelmäßig erfolgen: zum Berufseinstieg, dann noch einmal zwei bis drei Berufsjahre später und weiter alle vier bis fünf Jahre. In der Praxis sieht es meist anders aus. Viele Arbeitnehmer folgen lediglich der vermeintlich normalen Laufbahn und reflektieren nicht, ob wirklich jeder logische Karriereschritt auch tatsächlich den eigenen Fähigkeiten und Interessen entspricht.

Die Analyse basiert auf drei Aspekten:

- **Motivation:** Was treibt mich?
- **Neigungen und Fähigkeiten:** Was kann ich wirklich?
- **Ziele:** Was will ich erreichen?

Wie Sie aussagekräftige Antworten auf diese Fragen erarbeiten können, erfahren Sie wird in den nächsten Kapiteln. Erst anschließend kann es darum gehen, das eigene Können auch richtig zu präsentieren und die Fühler auszustrecken. Wenden wir uns also zunächst der wichtigsten Frage zu, die Sie beantworten müssen: Warum wollen Sie überhaupt wechseln?

Was mich treibt: Die eigene Motivation hinterfragen

Lassen wir an dieser Stelle zunächst den Fall beiseite, dass Sie aufgrund äußerer Anzeichen oder Zustände agieren (müssen). Damit beschäftigt sich das nachfolgende Kapitel ausführlich. Zunächst widmen wir uns den inneren Zwängen: Sie fühlen sich unwohl – was steckt dahinter? Meist befördern folgende Ursachen Wechselwünsche:

- Unzufriedenheit mit der gegenwärtigen Position, etwa mit dem eigenen Entscheidungsspielraum oder mit dem Einkommen
- Probleme mit den Vorgesetzten oder Kollegen
- Druck von außen, beispielsweise vom Lebenspartner

Jeder dieser drei Aspekte sollte zunächst einmal sehr genau hinterfragt werden, bevor Sie tatsächlich etwas unternehmen. Versuchen Sie daher, Ihr Unbehagen möglichst genau festzumachen. Was genau stört Sie? Welche Situationen möchten Sie meiden? Diese innere Bestandsaufnahme ist so enorm wichtig, weil Sie dabei implizit auch schon Ihre Wünsche an die neue Stelle formulieren. Ist es beispielsweise Ihr Vorgesetzter, der Sie nervt, überlegen Sie genau, wo das Problem liegt: Ist er zu dominant? Oder fordert er eher zu viel? Brauchen Sie überhaupt einen Chef?

Versuchen Sie herauszubekommen, ob die störende Problematik vorübergehend oder sozusagen chronisch ist – und vor allem, ob sie sich wirklich mit einem Wechsel lösen lässt. Vielleicht müssen Sie sich eingestehen, dass gar nicht Ihr derzeitiger Chef das Problem ist, sondern dass Sie sich eigentlich von niemandem etwas sagen lassen möchten. Dann werden Sie vermutlich auch bei Ihrem nächsten Arbeitgeber unglücklich werden. Freiberuflichkeit oder Selbstständigkeit könnten dann die besseren Alternativen sein. Richtige Ansprechpartner wären dann Existenzgründungsberater.

Tipp: Wer sich entschließt, der Festanstellung Lebewohl zu sagen und eine eigene Existenz aufzubauen, findet umfangreiche Hilfe auf der Internetseite www.existenzgründer.de vom Bundesministerium für Wirtschaft und Technologie. Bezieher von Arbeitslosengeld I, die in die Selbstständigkeit aufbrechen wollen, bekommen unter bestimmten Bedingungen einen Zuschuss der Bundesagentur für Arbeit. Infos: www.arbeitsagentur.de

Vielleicht merken Sie auch, dass es gar nicht Ihre eigenen Karriereambitionen sind, die Sie treiben, sondern die Ihres Partners – auch dann ist nicht eindeutig, dass eine Veränderung im Job das Problem wirklich lösen kann.

Die meisten Karriere- und Personalexperten geben als richtigen Zeitpunkt für einen Wechsel den Moment an, in dem die eigene Entwicklung stagniert, Sie also das Gefühl haben, nichts Neues mehr zu lernen, und auch keine Aufstiegsmöglichkeiten mehr sehen. Studien zufolge ist dies bei einem klassischen Karriereverlauf durchschnittlich nach drei bis fünf Jahren der Fall. Dies ist aber nur ein Annäherungswert. Tatsächlich kann ein Wechsel im Einzelfall auch sehr viel früher oder auch mal später angesagt sein.

Doch auch wenn Ihre Motivation stimmt, sollten Sie sich nicht zu einer vorschnellen Entscheidung verleiten lassen, die sich dann als wenig zielführend herausstellt. Denn tatsächlich können Karrieren nicht nur an zu wenig Engagement scheitern, sondern auch an zu viel, wie schon vor Jahren eine Studie des Center for Creative Leadership zeigte. Manch einer, der mit Übereifer agiert, findet sich am Ende im Off wieder, wie nicht nur der Management-Trainer und Berater fast aller großen deutschen Dax-Unternehmen Dr. Reinhard K. Sprenger immer wieder postuliert. Hintergrund seiner These: Wer zu schnell von Position zu Position beziehungsweise von Firma zu Firma springt, hat gar nicht die Zeit, das Unternehmen als Gesamtes zu erfassen. Er ist vermutlich gar nicht an seinem Arbeitgeber und dem Lösen von Problemen interessiert, sondern ausschließlich an der eigenen Karriere – eine Einstellung, die nirgendwo willkommen ist, wie nicht nur Sprenger weiß. „Man gibt es zwar nicht gerne zu", stimmt auch die Münchner Outplacementberaterin Adelheid Wurzer zu, „aber gerade in Outsourcing-Prozessen gehen die zuerst, die zu viel Ellenbogen eingesetzt haben." Und haben will sie dann niemand.

> Erstaunlich: Nicht einmal in der Gehaltsfrage wird zu schnelles Hopping belohnt. Die US-Soziologin Sylvia Fuller verglich über 20 Jahre die Gehaltsentwicklung von 6.000 Arbeitnehmern und kam zu dem verblüffenden Ergebnis, dass sich Jobwechsel nur in den ersten Berufsjahren auszahlen. Danach verpassen viele Angestellte mögliche Gehaltserhöhungen, weil sie zu schnell das Weite suchen.

Was ich kann, was ich will: Standort und Ziel bestimmen

Aber gesetzt den Fall, Ihre Motivation für einen Wechsel stimmt und der Zeitpunkt auch. Dann steht der nächste Schritt an: eine klare Standortbestimmung. Mit anderen Worten: Bevor Sie sich tatsächlich mit neuen Möglichkeiten befassen, sollten Sie auf jeden Fall Ihre gegenwärtige berufliche Situation bewusst analysieren und alle Rahmenbedingungen genau klären. Die „Fragen zur Standortbestimmung" helfen dabei. Nehmen Sie sich im eigenen Interesse die Zeit, sie gründlich und genau zu beantworten.

Fragen zur Standortbestimmung

1. Übe ich derzeit eigentlich die Tätigkeit aus, die zu mir passt? Habe ich überhaupt die richtige Berufswahl getroffen?
2. Wie möchte ich mich mittelfristig entwickeln? Wo möchte ich in drei bis fünf Jahren stehen?
3. Bin ich bereit, Einschränkungen in Kauf zu nehmen?
4. Reicht meine Qualifikation dafür bereits aus? Welche Qualifikationen muss ich mir noch aneignen?
5. Wie ist meine Familiensituation? Beeinflusst meine private Lebensplanung die berufliche Entwicklung? Oder wird sie dies in Zukunft tun?
6. Welche finanziellen Ansprüche habe ich an meine berufliche Zukunft?
7. Wie sicher ist mein aktueller Arbeitsplatz in naher und mittlerer Zukunft?
8. Wie groß sind die Chancen, dass ich meine Karriereambitionen bei meinem jetzigen Arbeitgeber verwirkliche?

Nicht bei jedem Jobwechsel wiegen alle Aspekte gleich schwer. Auch dieses Buch behandelt schwerpunktmäßig die grundlegenden Aspekte für eine gelungene Weichenstellung.

Nichts ist in Stein gemeißelt – auch die Berufswahl nicht

Schon am Anfang seiner Berufslaufbahn konnte sich Jan Reuter nicht entscheiden. Er absolvierte gleich zwei Ausbildungen, erst eine technische, dann eine kaufmännische – und auch das reichte ihm nicht. Er begann noch ein Studium, ehe er dann – ohne Abschluss – als Vertriebsassistent bei einem Maschinenbauer einstieg. In der Folgezeit hielt er es nie länger als ein, zwei, manchmal drei Jahre bei einem Arbeitgeber aus. Dann setzte das Unbehagen von Neuem ein. „Nach jedem Versuch", erinnert sich Reuter heute, „wurde die Verunsicherung größer" – und auch die Angst, erneut zu scheitern.

Erlösung brachte Reuter erst eine umfassende Standortbestimmung. Er führte diese mit professioneller Unterstützung und einem Persönlichkeitstest durch. Das ist nicht unbedingt zwingend, aber das effizienteste Verfahren.

Das Ergebnis in Reuters Fall war eindeutig: Er war der geborene Verkäufer. Und bislang hatte er sich immer auf die falschen Jobs – im Innendienst – beworben. Geahnt, sagt er heute, habe er es eigentlich schon immer. Aber ohne fundierte Analyse hätte er nie den Mut aufgebracht, seiner Intuition zu folgen. Danach erst hatte er sein Ziel klar vor Augen: nicht nur einen neuen Arbeitgeber, sondern einen ganz neuen Beruf.

Zugegeben: Jan Reuter ist ein eher drastisches Beispiel. Dennoch ist es sinnvoll, von Zeit zu Zeit die eigenen Ambitionen und Fähigkeiten miteinander abzugleichen. In Deutschland geht man bis heute oft davon aus, dass die meisten Menschen bereits mit Abschluss der Schule ihren Berufsweg klar vor Augen haben. Auch viele Experten propagieren dies. In anderen Ländern sieht man das anders. In den USA beispielsweise gehören Weiterbildungsprogramme, die sich mit der Life-Work-Planung befassen, schon lange zum festen Bestandteil der Studienzeit. Ein dort bekanntes Verfahren geht auf Pastor Richard Nelson Bolles zurück und hat einen sehr umfassenden Ansatz. In einem mehrtägigen Seminar setzen sich die Teilnehmer nicht nur mit dem Themenbereich „Schule, Lehre, Studium und Beruf" auseinander, sondern auch mit den Bereichen „Familie und Freunde" sowie „Freizeit". Dadurch sollen sie zunächst herausfinden, wer sie als Mensch sind, und sich erst dann der Frage stellen, welche beruflichen Konstellationen sich daraus ergeben.

> **Tipp:** Die Münchner Karriereberaterin Madeleine Leitner hat ein Buch von Richard Nelson Bolles ins Deutsche übersetzt („Durchstarten zum Traumjob", Campus). Leitner arbeitet in ihren Beratungen auch mit diesem Ansatz. Kontakt: www.madeleine-leitner.de

Auch wenn Sie sich ungern so umfassend mit sich selbst auseinandersetzen sollten, ist eines sicher: Bei der beruflichen Neuorientierung gehören nicht nur die fachlichen Kompetenzen und erworbenen Abschlüsse auf den Prüfstand, sondern auch und gerade die Soft Skills. Zwar ist im deutschen Management die Überzeugung vorherrschend, dass Erstere wesentlich wichtiger sind. Dass dies jedoch an der Realität vorbeizielt, zeigt einmal mehr das Beispiel des gescheiterten Marketingleiters Peter Baumann. Schon vor seinem Wechsel wusste er, dass er ein „sehr guter" Produktmanager ist, was ihm sein neuer Arbeitgeber inzwischen wieder bestätigt. Allerdings ist ihm erst durch sein Scheitern klar geworden, dass ihm Managementkompetenzen vollkommen abgehen. Genau die aber waren in der neuen Position gefragt. Baumann: „Ich bin kein Powerplayer und ich passe nicht in große Organisationen."

Eine gute Möglichkeit, sich mit den eigenen Stärken und Schwächen auseinanderzusetzen, bieten standardisierte Persönlichkeitstests wie MBTI, DISG oder BIP, die oft in Einstellungsverfahren großer Unternehmen verwendet werden. Auch Jan Reuter griff darauf zurück. Nachfolgend werden die wichtigsten vorgestellt, die derzeit in der Berufsberatung verbreitetsten zusätzlich mit Preis und Ansprechpartner.

■ Service: Gängige Persönlichkeitstests

BIP

Das Bochumer Inventar zu berufsbezogenen Persönlichkeitsbeschreibung (BIP) ist ein psychologisches Textverfahren, das gezielt für Berufstätige im deutschsprachigen Raum entwickelt wurde. Hauptbereiche sind die berufliche Orientierung (Leistungsmotivation, Gestaltungsmotivation, Führungsmotivation), das Arbeitsverhalten, die sozialen Kompetenzen und die psychische Konstitution.

Als ergänzendes Verfahren bietet das Fremdbeschreibungsinventar zum BIP (BIP-FBI) die Möglichkeit, das sogenannte Fremdbild einer Person zu erfassen. Dabei wird die Person durch eine andere Person (z. B. durch einen Arbeitskollegen) beschrieben, es werden aber dieselben 17 Persönlichkeitsdimensionen verwendet. In Kombination mit dem BIP lässt sich so die Passung einer Person und der jeweiligen Tätigkeit im Hinblick auf die überfachlichen Anforderungen bestimmen.

Zeitrahmen: Für den Grundtest benötigt man zwischen 45 und 60 Minuten.

- **Durchführung:** Das BIP kann als Fragebogen im Papierformat und am Computer bearbeitet werden.
- **Anbieter:** In Deutschland wendet u.a. die in Rödermark bei Frankfurt ansässige Karriereberaterin Doris Brenner diesen Test an. Infos: www.karriereabc.de
- **Kosten:** zirka 150 Euro inkl. Besprechung der Ergebnisse

DISG

Das DISG-Profil wird sowohl im beruflichen als auch im außerberuflichen Zusammenhang angewendet. Ziel ist die standardisierte Erfassung des Selbstbildes einer Person in Hinblick auf relevante Verhaltenstendenzen und -präferenzen. Das Kürzel DISG steht dabei für vier Grundverhaltenstendenzen, nämlich Dominant, Initiativ, Stetig und Gewissenhaft. Die Erkenntnis, dass diese von Mensch zu Mensch unterschiedlich ausgeprägt sind, soll dabei helfen, sich selbst und sein eigenes Verhalten in bestimmten Situationen zunächst besser zu verstehen und in der Folge Kommunikation und Zusammenarbeit mit anderen zu verbessern.

DISG ist in Deutschland relativ verbreitet, wird aber dennoch aus wissenschaftlicher Sicht heftig kritisiert. Bislang gab es keine unabhängige Überprüfung des Verfahrens.

- **Zeitrahmen:** Der Test ist in zehn bis 15 Minuten ziemlich schnell absolviert.
- **Durchführung:** DISG kann sowohl auf Papier als auch online bearbeitet werden.
- **Anbieter:** Zertifizierte DISG-Trainerin ist u.a. Barbara Ahrens, Infos: www.barbara-ahrens.de
- **Kosten:** bis 70 Euro zusätzlich zu den normalen Beratungsgebühren

FPI-R

Das Freiburger Persönlichkeitsinventar (FPI) ist ein psychologischer Persönlichkeitstest, der im deutschsprachigen Raum sehr verbreitet ist. Er wurde für die Klinische Psychologie und die psychologische Forschung entwickelt und wird dort auch überwiegend eingesetzt. Da der Test jedoch zu einer Globaleinschätzung der Persönlichkeit führt, kann er auch bei Fragen zur Berufswahl herangezogen werden. Er eignet sich für Probanden ab 16.

Der FPI-R besteht aus 138 Aussagen (Items) über bestimmte Verhaltensweisen oder Einstellungen. Zu diesen wird mit „stimmt" oder „stimmt nicht" Stellung genommen.

- **Zeitrahmen:** Für die Bearbeitung müssen zirka 30 Minuten eingeplant werden.
- **Durchführung:** Meist in Papierform

LMI

Das Leistungsmotivationsinventar (LMI) ist ein wirtschaftspsychologisches Testverfahren, mit dem die berufsbezogene Leistungsmotivation gemessen wird. Insgesamt werden 17 Dimensionen erfasst, darunter Lernbereitschaft, Beharrlichkeit, Flexibilität, Selbstkontrolle und Dominanz. Der LMI wird auch schon für Schüler ab 16 angewendet. Außerdem gibt es eine spezielle Variante zur Auswahl von Spitzensportlern, den Sportbezogenen Motivationstest (SMT).

- **Zeitrahmen:** Für die Bearbeitung müssen zirka 35 Minuten eingeplant werden.

MBTI

Der Myers-Briggs-Typenindikator (MBTI) stammt aus den USA und basiert auf der psychologischen Typenlehre von C.G. Jung. Die Autorinnen entwickelten daraus eine Persönlichkeitstypologie, die schwerpunktmäßig herangezogen wird, um die Eignung für bestimmte Berufsbereiche zu ermitteln oder zu überprüfen. Grundlage sind acht Parameter, aus denen vier Grundtypen entwickelt werden, die ihrerseits wiederum unterschiedliche Ausprägungen haben können. Stark verallgemeinert bedeutet dies, dass jemand eher technisch/faktisch, dienstleistungsbereit, kommunikativ oder eher analytisch orientiert sein kann. Kennt er diese Orientierung, kann er auch seinen beruflichen Werdegang danach ausrichten und sich ein Umfeld suchen, in dem seine jeweilige Orientierung gefragt ist.

Kritiker bemängeln, dass der Test letztlich auf einer Selbsteinschätzung beruhe. Die Teilnehmer füllten den Test nach ihrem Selbstbild aus, das sie am Ende bestätigt bekommen. Außerdem bleibe unberücksichtigt, dass man in manche Aufgaben hineinwachsen könne und einige Persönlichkeitsmerkmale wie Intelligenz oder Disziplin gar nicht vorkämen. Trotz dieser Kritik ist der Test vor allem in den USA sehr verbreitet. Und auch hierzulande ziehen ihn Karriereexperten gerade bei einer Standortbestimmung sehr gerne als ein Kriterium von mehreren heran.

- **Zeitrahmen:** Für die Bearbeitung des Fragebogens müssen zirka 20 Minuten eingeplant werden. Insgesamt ist jedoch ein zweistufiges Verfahren vonnöten. Da das Ergebnis nicht immer einfach interpretiert werden kann, muss es mit einem ausgebildeten/lizenzierten MBTI-Trainer besprochen werden.
- **Durchführung:** Es gibt sowohl Papier- als auch Onlineversionen.
- **Anbieter:** In Deutschland wird das Verfahren u.a. von der Münchner MBTI-Trainerin Christine Schretter angewendet. Infos: www-mbti-test.de
- **Kosten:** 130 Euro inkl. kurzer Ergebnisbesprechung

NEO-FFI

Das NEO-Fünf-Faktoren-Inventar (NEO-FFI) ist ein international anerkannter und gebräuchlicher Persönlichkeitstest für Jugendliche und Erwachsene. Die Validierung des Verfahrens erfolgte über umfangreiche faktorenanalytische Studien. NEO steht dabei für Neutrotizismus (N), Extraversion (E) und Offenheit für Erfahrungen (O). Diese drei bilden zusammen mit Verträglichkeit und Gewissenhaftigkeit die sogenannten Big Five. Der Idee der Big Five liegt ein lexikalischer Ansatz zugrunde, der annimmt, dass alle wesentlichen individuellen Unterschiede im Wörterbuch einer Sprache durch entsprechende Begriffe repräsentiert werden.

Das Verfahren ist einfach und schnell, findet aber im beruflichen Kontext eher weniger Anwendung.

- **Zeitrahmen:** Nicht länger als 10 bis 15 Minuten
- **Durchführung:** Es gibt sowohl Papier- als auch Onlineversionen.

PRF

Der Deutsche Personality Research Form (PRF) wurde ursprünglich für die psychologische Forschung entwickelt, wird aber immer häufiger auch im beruflichen Kontext angewendet. Hierfür wurden eigene Items entwickelt.

Insgesamt besteht der Test aus 234 Items. Jede Fragestellung wird mit „richtig" oder „falsch" beantwortet. Die Auswertung erfolgt mit einer Schablone.

Obwohl es Kritikpunkte gibt (so sind die Normen aus Deutschland nicht genau beschrieben), wird das Verfahren aufgrund seiner Einfachheit für die Berufsberatung empfohlen.

 Zeitrahmen: Die Bearbeitungszeit liegt bei 25–50 Minuten.

 Durchführung: Es gibt sowohl Papier- als auch Onlineversionen.

16 PF-R

Der 16-Persönlichkeits-Faktoren-Test (16-PF-R) ist ein Verfahren zur mehrdimensionalen Erfassung individueller Persönlichkeitsstrukturen, dem, wie der Name schon sagt, 16 Persönlichkeitsfaktoren zugrunde liegen. Es richtet sich an Erwachsene und erfordert ein hohes Maß an Selbstreflexion.

Benutzt wird es sowohl in der klinischen Psychologie als auch in der pädagogischen Psychologie zur Erfassung des Lern- und Leistungsverhaltens und in der Arbeits- und Berufspsychologie. Es ermöglicht, zur Diskussion stehende Berufslösungen zu überprüfen.

 Zeitrahmen: Die Bearbeitung dauert 45–60 Minuten. Ratsuchende können den Test auch zu Hause ausfüllen.

 Durchführung: Es gibt sowohl Papier- als auch Onlineversionen.

Wer nicht ganz so wissenschaftlich an die Sache herangehen will, sollte sich zumindest die Zeit für eine Eigenanalyse nehmen und das Ergebnis möglichst schriftlich mit Beispielen festhalten. Stellen Sie eine Liste auf, welche beruflichen Stationen Sie bislang durchlaufen haben, welche Tätigkeiten damit verbunden waren – und mit welchem Spaß und Erfolg Sie an diese Aufgaben herangegangen sind.

Sie werden überrascht sein, wie viele Aufgaben Sie bereits erfolgreich bewältigt haben und welche Empfindungen Sie damit verbinden.

Und wenn Sie schon dabei sind: Nehmen Sie sich auch Zeit für die weiteren auf Seite 15 aufgelisteten Fragen: Wie möchten Sie sich zukünftig entwickeln, haben Sie bereits alle dafür notwendigen Qualifikationen usw. Konzentrieren Sie sich dabei vor allem auf den letzten Aspekt: Wie groß sind die Chancen, dass Sie Ihre Karriereambitionen auch bei Ihrem jetzigen Arbeitgeber verwirklichen können?

Die Gedanken sind frei! – Könnte ich auch bleiben?

Die Frage ist durchaus ernst gemeint und wird oft unterschätzt: Könnten Sie bei Ihrem jetzigen Arbeitgeber bleiben? Sehr häufig erlebt die Münchner Karriereberaterin Madeleine Leitner in ihren Gesprächen, dass Klienten sich eigentlich in ihrem Job wohlfühlen und durchaus die richtige Berufswahl getroffen haben, aber keine Aufstiegschancen mehr sehen – und aus diesem Grund frustriert sind. Fragt die Expertin dann aber genauer nach, stellt sich oft heraus, dass diese Karriereambitionen noch gar nicht offen vorgetragen wurden.

Vor allem Frauen verhalten sich sehr häufig so. Ein Eindruck, den auch andere Berater haben. Frauen gehen vielfach davon aus, dass ihre Umgebung von sich aus sehen muss, was sie können und wollen – und sind enttäuscht, wenn sie auf der Karriereleiter überholt werden. Allerdings sind auch Männer vor diesem Denkmuster nicht gefeit. Grundsätzlich gilt daher: Bevor Sie ernsthaft einen kompletten Umstieg in Betracht ziehen, sollten Sie überprüfen, ob nicht vielleicht einfach ein Kommunikationsproblem vorliegt und doch noch etwas beim alten Arbeitgeber geht. Horchen Sie zuerst in sich hinein: Haben Sie überhaupt schon signalisiert, dass Sie auf der derzeitigen Position unzufrieden sind?

Erst wenn Sie dies eindeutig mit Ja beantworten können, gilt es die nachfolgenden Punkte zu checken:

- Gibt es tatsächlich keine Aufstiegsmöglichkeiten – beispielsweise, weil alle relevanten Positionen auf Jahre gut besetzt sind?

▨ Gibt es jemanden, der Sie am Aufstieg hindert und an dem Sie nicht vorbeikommen? Möglicherweise wegen persönlicher Differenzen?

▨ Oder entsprechen Sie einfach bei Ihrem jetzigen Arbeitgeber nicht dem klassischen Aufsteigermodell? Fehlt Ihnen möglicherweise ein Abschluss, spezifisches Know-how oder ist es gar so „banal", dass Frauen oder Kollegen ab 40 keine Chance mehr haben?

Wenn einer dieser Aspekte auf Sie zutrifft, ist es sicher nicht falsch, eine Veränderung anzustreben. Andernfalls sollten Sie darüber nachdenken, ob das Problem nicht woanders liegen könnte. Sprich: bei Ihnen selbst, vielleicht in fehlendem Selbstbewusstsein, falschem Auftreten … Das lässt sich auch mit einem Wechsel nicht lösen.

Tipp: Objektiver wird die Selbsteinschätzung, wenn neben der Innenschau auch Einschätzungen von Freunden, Familienangehörigen oder vertrauenswürdigen Kollegen eingeholt werden. Nicht selten kommen auf diese Weise Eigenschaften oder Umstände ans Licht, die Sie selbst nie gesehen hätten. Das gilt sowohl für positive als auch für negative Dinge.

Hilfe annehmen

Wer sich eine solche Bestandsaufnahme nicht selbst zutraut, kann natürlich auch für alle Schritte der Bestandsaufnahme, also auch zusätzlich zu einem Persönlichkeitstest oder unabhängig davon, professionelle Hilfe in Anspruch nehmen. Angeboten wird sie mittlerweile von ganz unterschiedlichen Stellen, in erster Linie natürlich von den klassischen privaten Karriereberatern. Karriereberater gibt es heute in jeder größeren Stadt. Aber: Da es sich um keine geschützte Berufsbezeichnung handelt, ist eine gründliche Recherche vorab unabdingbar. Schließlich soll Sie der Berater bei einer Lebensentscheidung unterstützen. Ganz wichtig dabei:

▨ Hat der Experte bereits Erfahrung mit Ihrer Branche?

▨ Berät er Klienten gleicher Hierarchiestufe?

▨ Hat er überhaupt eigene Berufserfahrung in praktischer Personalarbeit?

Und natürlich: Mit welchen Methoden arbeitet er? Verwendet er standardisierte Persönlichkeitstests – und wenn ja, sagen Ihnen diese zu?

Meiden sollten Sie Anbieter, die versuchen, Sie von vornherein mit langfristigen Verträgen zu binden, oder Mindestpauschalen verlangen. Berufsberatung ist auch und vor allem eine Frage des Vertrauens.

Tipp: Eine Übersicht über private Karriereberater bietet die Homepage der Deutschen Gesellschaft für Karriereberatung. Die DGfK hat sich zum Ziel gesetzt, nachvollziehbare Standards für gute Beratung zu entwickeln. Mitglied kann nur werden, wer ein (Fach-)Hochschulstudium oder eine vergleichbare Qualifikation vorweisen kann und bereits über mehrjährige Berufserfahrung verfügt. www.dgfk.org

Eine Karriereberatung bieten mittlerweile auch zahlreiche Personalberatungen an. Wer sich allerdings an einen Personalberater wendet, sollte dabei im Hinterkopf haben, dass es nur sehr wenige Anbieter gibt, die eine unabhängige Karriereberatung durchführen und somit auch wirklich Zeit für eine klassische Bestandsaufnahme haben, wenn sie überhaupt über die entsprechenden Werkzeuge verfügen. Die meisten machen dies eher nebenbei und sehen sich in erster Linie den Interessen Ihrer Auftraggeber verpflichtet, d.h. den Firmen. Dennoch kann ein Gespräch mit einem Personalberater natürlich aufschlussreich sein, denn er weiß in der Regel am besten, welche Erwartungen Unternehmen haben. Möglicherweise gilt dies aber erst für einen späteren Zeitpunkt des Wechselprozesses (siehe Kapitel 3, Wenn Sie sich an einen Personalberater wenden, Seite 123).

Auch bei der Auswahl eines Personalberaters ist Vorsicht und Sorgfalt geboten. Auf dem Markt sind etliche Anbieter mit zweifelhaften Qualifikationen vertreten. Ein Hinweis auf die Qualität kann auch hier die Mitgliedschaft in einem der großen Verbände sein, dem Bundesverband Deutscher Unternehmensberater (BDU), www.bdu. de, oder der Vereinigung der deutschen Executive Search Berater (VdESB), www.vdesb.de.

Zu guter Letzt bieten natürlich auch die Arbeitsagenturen Unterstützung bei der Standortbestimmung an – und dies keineswegs nur

Schülern und Studenten, also Berufseinsteigern, sondern auch Führungskräften. Infos gibt es unter www.arbeitsagentur.de.

Was ich biete: Unterlagen vervollständigen

Sie haben sich entschieden: Alle Aspekte sind abgewogen und Sie wollen immer noch gehen. Jetzt heißt es, die richtigen Vorbereitungen zu treffen. Am wichtigsten ist es hierfür, aktuelle Bewerbungsunterlagen zusammenzustellen. Das mag simpel klingen, ist es aber nicht. Gerade wer schon lange in einem Unternehmen tätig ist, weiß oft gar nicht, wie eine optimale Bewerbung heute aussieht – oder ihm fehlen wesentliche Teile.

Den Lebenslauf in Form bringen

Beginnen Sie Ihre Dokumentensammlung mit dem Lebenslauf, und zwar aus zwei Gründen: Zum einen bietet die Aufstellung noch einmal eine gute Möglichkeit, die bisherigen Stationen Revue passieren zu lassen. Zum anderen ist der Lebenslauf grundsätzlich das wesentliche Element einer Bewerbung. Später muss er zwar, ebenso wie das Anschreiben, immer exakt auf die konkrete Position und das suchende Unternehmen zugeschnitten werden und darf zwei Seiten in keinem Fall überschreiten. In diesem frühen Stadium geht es aber erst einmal um die Faktensammlung.

Dabei werden im Berufsalltag grundsätzlich drei mögliche Formen von Lebensläufen verwendet:

- Tabellarischer Lebenslauf
- Funktionaler Lebenslauf
- Ausführlicher Lebenslauf

Die tabellarische Form ist eindeutig die gebräuchlichste. Entweder auf- oder absteigend (also beginnend mit der Schule bis zur letzten Position oder umgekehrt), bietet sie dem Leser einen schnellen Überblick über die wesentlichen Berufsstationen eines Bewerbers. Welche Richtung dabei sinnvoller ist, ist schwer zu sagen. In den letzten Jahren wird in der Ratgeberliteratur vermehrt die sogenannte amerikanische Form empfohlen, also der antichronologische Aufbau, aber letztlich ist das eine Frage des Geschmacks. Fragt man hierzu Personalverantwortliche in Unternehmen, fallen die Antworten sehr unterschiedlich aus. Eindeutig im Vorteil ist die amerikanische Form allerdings dann, wenn der Berufsweg sehr lang ist, weil die Aufmerksamkeit des Lesers auf die letzte Station gelenkt wird.

Wichtiger als die Reihenfolge ist ein lückenlos nachvollziehbarer Lebensweg. Auch Zeiten, in denen Sie arbeitslos waren oder sich Auszeiten genommen haben, sollten Sie aufführen. Dabei dürfen Sie durchaus ein wenig schummeln, also beispielsweise kurze Unterbrechungen einfach dadurch kaschieren, dass nur Jahreszahlen genannt werden. Grobe Auslassungen oder gar Fälschungen müssen aber tabu sein. Wer beispielsweise ein nicht beendetes Studium einfach durch Jahreszahlen zu bemänteln versucht, fällt damit garantiert auf die Nase. Sofern es der Personalverantwortliche nicht schon durch unstimmige oder fehlende Unterlagen (in diesem Fall die Abschlussurkunde) bemerkt, kommt es spätestens im Vorstellungsgespräch heraus – und spricht mit Sicherheit nicht zugunsten des Bewerbers.

> **Tipp:** Wenn Ihnen in der Vergangenheit einmal gekündigt wurde (ein Punkt, der sich im Lebenslauf nicht unbedingt gut macht), sollte auch dies Einfluss auf die Chronologie Ihres Lebenslaufes haben. Wählen Sie die Reihenfolge so, dass die Kündigung möglichst weit hinten auftaucht, am besten erst auf der zweiten Seite. Liegt sie weiter zurück, ist es also durchaus sinnvoll, mit der aktuellen Position anzufangen. War dies erst vor Kurzem, starten sie andersherum.

Wer sich für den funktionalen Lebenslauf entscheidet, fasst Schule, Ausbildung und berufliche Tätigkeit in Blöcke zusammen. Der ausführliche Lebenslauf ist handgeschrieben und in Absätze gegliedert. Diese Form sollten Sie allerdings nur dann wählen, wenn sie ausdrücklich erwünscht wird.

Wichtig ist, dass Sie den Lebenslauf für jede Bewerbung gezielt anpassen. (Wie die optimale Bewerbungsmappe aussieht, siehe auch Kapitel 3, Seite 100.) Das bedeutet: Praktika, Weiterbildungen u.ä. werden nur dann aufgelistet, wenn Sie im Zusammenhang mit der zu besetzenden Position stehen. Außerdem sollte jedes individuelle Exemplar mit Datum und Unterschrift versehen werden.

■ Service: Der Lebenslauf – was rein muss

- Persönliche Daten: nur die wichtigsten Informationen, d.h. Name, Geburtsdatum, Geburtsort und Familienstand (obligatorisch: Anzahl der Kinder, keine Namen. Konfession und Nationalität sollten nur dann angegeben werden, wenn es einen Bezug zur Stelle gibt und Sie sich davon Vorteile versprechen. Die Adresse gehört aufs Anschreiben.
- Ausbildungsweg: Die Schulzeit kann in einer Zeile untergebracht werden, also 09/68–07/81 Grundschule, Gymnasium, Abitur. Detaillierter sollten dagegen Ausbildung bzw. Studium aufgelistet werden: Start und Endzeitpunkt, genaue Richtung, evtl. Spezialisierungen/Schwerpunkte, Thema der Abschlussarbeit, Note.
- Berufserfahrung: Lückenlose Auflistung mit Angaben zum Unternehmen und zum Aufgabenbereich (diesen möglichst so pointiert, dass der Bezug zur ausgeschriebenen Position erkennbar ist).
- Zusatzqualifikationen: Auswahl nach aktuellem Bezug
- Sprachkenntnisse: mit Bewertungen versehen, also: „gut", „verhandlungssicher", „muttersprachlich"

Foto erstellen

Für eine zugkräftige Bewerbung benötigen Sie außerdem ein gutes Foto. Dieses werden Sie in der vor Ihnen liegenden Zeit gleich mehrfach brauchen: zum einen für Ihre allgemeine Selbstdarstellung (Personal Branding), beispielsweise in Online-Netzwerken (siehe auch Seite 39), zum anderen aber auch für Ihre Bewerbungsunterlagen. Zwar ist heute laut Allgemeinem Gleichbehandlungsgesetz (AGG, umgangssprachlich auch Antidiskriminierungsgesetz genannt) ein Foto in den Bewerbungsunterlagen nicht mehr zwingend notwendig. In Deutschland hat sich dies jedoch nicht durchgesetzt. Wenn Sie sich also nicht gerade in amerikanischen Großkonzernen bewerben (und selbst dort schadet es nicht), sollten Sie nach einhelliger Meinung von Karriereberatern und Personalverantwortlichen ein Bild beifügen.

Urlaubsfotos sind für Bewerbungen gänzlich ungeeignet. Das dürfte sich inzwischen herumgesprochen haben. Auch Automatenbilder eignen sich kaum. Sie werden also um die Investition in einen professionellen Fotografen nicht herumkommen. Die Kleidung sollte dem avisierten Job beziehungsweise auch Ihrer derzeitigen Position angemessen sein.

Ob das Foto dann an den Lebenslauf angeheftet (am besten mit Haftetiketten) oder auf ein eigenes Deckblatt geklebt wird, ist Geschmackssache. Achtung: Vergessen Sie nicht, auf der Rückseite Name und Adresse zu vermerken. Falls es sich später im Stapel diverser Bewerbungsmappen löst, lässt es sich sonst nicht mehr zuordnen.

Arbeitszeugnisse anfragen und überprüfen

Sind Lebenslauf und Foto hergerichtet, wenden Sie sich den Zeugnissen zu. Dass diese zu den vollständigen Bewerbungsunterlagen gehören, ist eigentlich selbstverständlich. Ebenso, dass alle im Lebenslauf erwähnten Abschlüsse und auch alle wesentlichen Stationen mit einer Zeugniskopie belegt sein müssen. Dennoch erweist sich oft gerade die Zusammenstellung dieser Unterlagen als schwierig.

Auch Ihnen fehlen entsprechende Dokumente? Dann sollten Sie sich umgehend darum kümmern. Vielen ist nicht bekannt, dass es in Deutschland zwar einen gesetzlichen Anspruch auf ein Arbeitszeugnis gibt, doch der Arbeitnehmer muss es ausdrücklich verlangen. Tut er dies nicht, gilt dieser Anspruch nicht unbegrenzt, sondern unterliegt sowohl der Verjährung als auch der Verwirkung. Wenn Sie also merken, dass Sie größere Zeiträume nicht mit Zeugnissen belegen können, sollten Sie schnellstmöglich Kontakt zu dem betreffenden Arbeitgeber aufnehmen. Wenn Sie nicht im Streit auseinandergegangen sind, werden sich die meisten kooperativ zeigen. Ansonsten gilt: Je länger der Zeitraum zurückliegt, umso schlechter stehen Ihre Chancen, dass man Ihrem Wunsch nachkommt.

Laut § 195 BGB beträgt die Verjährungsfrist in der Regel drei Jahre. Danach kann ein Arbeitnehmer den Anspruch auf ein Zeugnis nicht mehr gerichtlich durchsetzen. Die Frist kann aber auch schon früher ablaufen, wenn der frühere Arbeitgeber zum Beispiel nicht mehr in der Lage ist, ein wahrheitsgemäßes Zeugnis auszustellen. Zusätzlich gilt auch für Zeugnisse wie für jeden schuldrechtlichen Anspruch die Verwirkung. Demnach ist ein Anspruch verwirkt, wenn der Schuldner, in diesem Fall also der Arbeitgeber, den Eindruck gewinnen konnte, dass kein Zeugnis gewünscht ist. Dies könnte beispielsweise dann der Fall sein, wenn ein Arbeitnehmer im Frust über eine ungerecht empfundene Kündigung lautstark auf eine entsprechende Beurteilung verzichtet. Laut einem Urteil des Bundesarbeitsgerichtes (BB 1989, 978) kann der Anspruch selbst dann verwirkt sein, wenn der Arbeitnehmer das Zeugnis lediglich über längere Zeit nicht abruft. Der genaue Zeitraum ist hierfür allerdings nicht definiert. Es gibt aber Entscheidungen, die von zehn Monaten ausgehen.

> **Tipp:** Wird ein Zeugnis nachträglich ausgestellt, sollten Sie Ihren ehemaligen Arbeitgeber um eine Rückdatierung bitten. Denn liegt zwischen Arbeitsende und Ausstellung eines Zeugnisses ein langer Zeitraum, gibt es dafür nur zwei Erklärungen: Desinteresse des Arbeitnehmers oder eine längere (gerichtliche) Auseinandersetzung um die Ausgestaltung des Zeugnisses. Beide Rückschlüsse sind für Sie als Bewerber nicht vorteilhaft.

Klar geregelt ist im Gegensatz dazu der Zeitpunkt, zu dem ein Abschlusszeugnis frühestens angefordert werden kann: exakt mit der Beendigung des Arbeitsverhältnisses. Konkret bedeutet das, dass es am letzten Arbeitstag fällig wird. Bereits mit Zugang der Kündigung oder auch bei Eigenkündigung kann der Arbeitnehmer vorab ein vorläufiges Zeugnis verlangen. Wird ein Aufhebungsvertrag vereinbart, kann hierin auch eine Klausel zur Fälligkeit und sogar zur Ausgestaltung stehen.

Am heikelsten ist der Umgang mit dem Thema Zeugnis, wenn noch keine offizielle Kündigung auf dem Tisch liegt, der Bewerbungsprozess aber bereits angelaufen ist. Wohl dem, der bereits im Vorfeld ein Zwischenzeugnis angefordert hat. Dies jetzt zu tun, ohne Misstrauen zu erwecken, ist meist extrem schwierig, denn Ihren beabsichtigten Jobwechsel können Sie nicht als Argumentationshilfe nutzen. Sie haben keine andere Wahl, als nach Begründungen zu suchen. Gab es beispielsweise in der letzten Zeit interne Umstrukturierungen, sodass sich Ihr Aufgabenbereich geändert hat? Haben Sie Aufgaben abgegeben? Hat eine Führungskraft gewechselt? Das alles sind gute Gelegenheiten, einen Zwischenstand in Form eines Zeugnisses einzufordern. Anspruch auf Ausstellung eines Zwischenzeugnisses besteht aus folgenden Gründen:

- Versetzung
- Wechsel des Vorgesetzten
- Fortbildung
- Beförderung oder Höhergruppierung
- Einberufung zum Wehr- oder Zivildienst
- Freistellung als Betriebsrat
- Erziehungsurlaub
- Betriebsübergang nach § 613a BGB

Entscheidend für eine gelungene Bewerbung ist nicht allein das bloße Vorhandensein von Zeugnissen, sondern auch deren Form. Dass sie keine Fehler oder Flecken enthalten und auf Firmenpapier ausgedruckt sein sollten, darüber besteht in der Regel Einigkeit. Ebenso darüber, dass die rein elektronische Form unzulässig ist.

Strittiger sind die inhaltlichen Formulierungen. Der Gesetzgeber schreibt sowohl Wahrheit als auch Wohlwollen vor – was viele Arbeitgeber vor eine fast unlösbare Aufgabe stellt, wenn sich bei schlechten (oder vermeintlich schlechten) Arbeitsleistungen beide Aspekte nicht unter einen Hut bringen lassen. Dieser Widerspruch hat in den letzten Jahren zu einer eigenen, verklausulierten Zeugnissprache geführt, teilweise mit Abweichungen von der grammatischen Norm.

Wirklich perfekt ist eine Leistungsbeurteilung nur, wenn sie vollste Zufriedenheit attestiert, obwohl – rein sprachlich betrachtet – nichts voller sein kann als voll. Das Wichtigste aber ist: Das Zeugnis muss in sich stimmig sein, also einen roten Faden haben. Auch die beste Beurteilung nützt nichts, wenn aus dem Werdegang hervorgeht, dass der Betroffene hinsichtlich seiner Positionen einen Abstieg hinnehmen musste.

> In einem ordnungsgemäß ausgestellten Zeugnis sind folgende Punkte enthalten:
>
> 1. Überschrift (Ausbildungs-, Arbeits- oder Zwischenzeugnis)
> 2. Einleitung (mit kurzer Beschreibung des Unternehmens)
> 3. Beruflicher Werdegang
> 4. Beschreibung der ausgeübten Tätigkeit
> 5. Leistungsteil
> 6. Verhaltensteil
> 7. Schlussformel

Die ersten beiden Punkte erklären sich von selbst. Bei den Punkten drei und vier ist wichtig, dass die Darstellung ein vollständiges und genaues Bild der ausgeübten Tätigkeiten vermittelt. Insbesondere die Tätigkeitsbeschreibung sollte so detailliert wie möglich abgefasst sein und auf floskelartige Formulierungen verzichten.

Im Leistungsteil (5) müssen folgende Aspekte zur Sprache kommen: die Leistungsbereitschaft, die Befähigung, die erwartete Leistung zu erbringen, die Fachkenntnis, die Arbeitsweise, die tatsächlich erreichten Ergebnisse und gegebenenfalls das Führungsverhalten. Am Ende des Abschnitts steht dann eine Leistungszusammenfassung, die in Abstufungen immer die gleiche Formulierung enthält. Sie kann Schulnoten gleichgesetzt werden:

„… erledigte seine Aufgabe zur Zufriedenheit" = Schulnote 4

„… erledigte seine Aufgabe zur vollen Zufriedenheit" = Schulnote 3

„… erledigte seine Aufgabe zur vollsten Zufriedenheit" = Schulnote 2

„… erledigte seine Aufgabe stets zur vollsten Zufriedenheit" = Schulnote 1

Alle Alarmglocken sollten läuten, wenn in der Leistungszusammenfassung Einschränkungen stehen wie „… erledigte seine Aufgaben *im*

Großen und Ganzen zur Zufriedenheit". Finden Sie in einem Zeugnis die Formulierungen, dass Sie sich „bemühten" oder „Interesse zeigten", Ihre Aufgaben zu erledigen, entspricht dies bestenfalls der Schulnote 5, eher noch einer 6.

Im Verhaltensteil (6) ist es wichtig, dass das Verhalten in allen Facetten beurteilt wird, also das interne Verhalten gegenüber Vorgesetzten, Kollegen und Mitarbeitern ebenso wie das Verhalten nach außen, also gegenüber Kunden oder Auftraggebern. Die Idealformulierung für eine Führungskraft mit Kundenkontakt lautet also: „Sein Verhalten gegenüber Vorgesetzten, Kollegen, Mitarbeitern und Kunden war stets vorbildlich." Wird hingegen eine Gruppe weggelassen, sollten Sie nachfragen. Manchmal mag das unabsichtlich geschehen. Für den geübten Leser deutet es jedoch darauf hin, dass es in dieser Richtung Probleme gab. Auch die Reihenfolge hat eine Bedeutung: Werden die Kollegen an erster Stelle genannt, lässt dies aufhorchen. Die Bedürfnisse der Kunden haben Sie dann offenbar hintangestellt.

Wichtig: Haben Sie in einem Unternehmen persönliche Verantwortung für Mitarbeiter getragen, muss in Ihrem Zeugnis auch Ihr Führungsverhalten bewertet werden. Dabei gelten wieder ähnliche Abstufungen wie bei der Leistungsbeurteilung insgesamt. Entscheidend sind Füllworte wie „stets" oder „jederzeit". Wird Ihr Führungsverhalten gar nicht erwähnt, heißt dies, dass es auch nicht erwähnenswert war. Eine positive Formulierung könnte lauten: „Herr XY motivierte und überzeugte seine Mitarbeiter durch einen kooperativen Führungsstil. Er war als Vorgesetzter jederzeit voll anerkannt, wobei sein Team unsere hohen Erwartungen stets erfüllte." Lautet die Beurteilung dagegen: „Herr XY wurde von seinen Mitarbeitern anerkannt und bewältigte im Wesentlichen die in seiner Abteilung vorgegebenen Ziele", heißt dies im Klartext: Als Führungskraft war er eine Niete.

Die Schlussformel (7) sollte vier Punkte enthalten: den Grund für die Beendigung des Arbeitsverhältnisses, eine Bedauerns- und Dankesformel und Zukunftswünsche. Fehlt ein Aspekt (beispielsweise der Grund für die Beendigung), lässt dies tief blicken. Und auch ein fehlendes Wörtchen kann entscheidend sein. Wünscht ein Arbeitgeber zum Schluss schlicht „viel Erfolg", interpretieren findige Leser, dass der Betroffene bislang wohl keinen hatte. Korrekt muss es lauten: „... weiterhin viel Erfolg".

Beendet wird ein Zeugnis mit dem Datum und der Unterschrift des Ausstellers. Dabei muss erkennbar sein, wer dieser Aussteller ist und welche Funktion er hat. Lediglich unleserliche Krakel gelten nicht. Gut ist, wenn sowohl der direkte Vorgesetzte als auch ein Höherrangiger unterschreiben, eventuell auch zusätzlich jemand aus der Personalabteilung. Je höher der Mitunterzeichner in der Hierarchie angesiedelt ist, umso besser. Hat der direkte Vorgesetzte das Zeugnis nicht gezeichnet, obwohl er noch im Unternehmen ist, können Personalverantwortliche auch dies als Unstimmigkeit deuten.

Ebenfalls erhöhte Aufmerksamkeit ist geboten, wenn das Zeugnis sehr kurz ist, Dinge erwähnt werden, die eigentlich selbstverständlich sind wie Pünktlichkeit oder Höflichkeit, oder wenn es ausschließlich oder überwiegend Passivformulierungen enthält. „Die höfliche Mitarbeiterin wurde mit der Beschwerdeabwicklung beschäftigt" ist definitiv kein Positivurteil. Wollte man denselben Aspekt wirklich lobend ausdrücken, würde man formulieren: „Besonders gute Ergebnisse erzielte Frau ... in der Beschwerdeabwicklung. Hier konnte sie sowohl ihre fundierten Fachkenntnisse als auch ihre Kommunikationsstärke sehr zielführend einsetzen."

> **Tipp:** Hilfe bei der Zeugnisformulierung gibt es unter
> www.berufsstrategie.de.

■   ### Service: Verschlüsselungstaktik

Wie Arbeitgeber negative Beurteilungen ins Zeugnis schmuggeln

- Wichtige und notwendige Zeugnisinhalte werden weggelassen.
- Entscheidende Dinge werden bewusst kurz gefasst.
- Selbstverständliches wird über Gebühr betont.
- Die Reihenfolge gängiger Formulierungen wird verdreht.
- Leistungen werden räumlich oder zeitlich eingeschränkt.
- Es werden Mehrdeutigkeiten verwendet.

Der Beurteilte wird durch Passivformulierungen beschrieben (das heißt: Aktiv brachte er nichts zustande).

Das Stilmittel der Verneinung wird eingesetzt (bedeutet das Gegenteil des Gesagten).

Es gibt Passagen mit karikierenden Übertreibungen oder Ironie (diese werten das Gesamtzeugnis massiv ab).

Quelle: „die Führungskräfte"

Was ich zeige: Selbstmarketing betreiben

Ihre Bewerbungsmappe ist auf dem neuesten Stand. Sie haben damit ein erstes Zwischenziel erreicht. Jetzt müssen potenzielle neue Arbeitgeber auch von Ihnen, Ihren Leistungen und – je nach Ausgangslage – auch von Ihren Wechselplänen erfahren. Selbstmarketing heißt das Stichwort, das in den letzten Jahren kontinuierlich an Bedeutung gewonnen hat. Mittlerweile gehen Experten davon aus, dass nur eine geringe Zahl aller offenen Positionen ausgeschrieben wird. Selbst Hochschulabsolventen, so zeigt eine Studie der HIS (Hochschul-Informations-System GmbH), finden ihre erste Anstellung zu mehr als 50 Prozent über persönliche Kontakte. Wer also schon während des Studiums Spuren hinterlässt und ein persönliches Kontaktnetz aufbaut, hat zum Abschluss bereits die Nase vorn. Ein Prozess, der sich dann während des Arbeitslebens immer weiter potenziert.

Hallo, hier bin ich! – Netzwerken im wahren Leben

Eine hervorragende Möglichkeit, auf sich aufmerksam zu machen, sind öffentliche Auftritte, beispielsweise auf Messen, oder Vorträge bei Verbandsveranstaltungen. Dort gibt es nicht nur jede Menge Zuhörer – häufig werten auch Personalberater Vortragsprogramme aus. Wer häufiger in Katalogen, Ankündigungen oder Presseartikeln auftaucht oder auch selbst publiziert, hat damit gleichzeitig gute Chancen, dass andere ihn wahrnehmen. „Namen, die ich immer wieder mal lese, behalte ich irgendwann im Gedächtnis", bringt es ein Insider auf einen Nenner. Wenn Sie zu denen gehören, die nicht unbedingt reden möchten, können Sie sich natürlich auch schriftlich zu Wort melden und beispielsweise versuchen, in Fachzeitschriften Artikel zu veröffentlichen, oder sich als Autor von Fachbüchern anbieten.

Auch Wirtschafts- und Gesellschaftsclubs eignen sich fürs Selbstmarketing. Abhängig von der persönlichen Vorliebe gibt es inzwischen zahlreiche Möglichkeiten, sich einer Gruppe anzuschließen. Zu den ältesten und bekanntesten Businessclubs zählen Rotary und Lions. Die Rotary-Clubs, die es fast überall auf der Welt gibt, vereinen Angehörige aller Berufe. Ihr Hauptanliegen sind zwar humanitäre Dienste, gleichsam nebenbei wird aber Business betrieben. Wer dabei ist, hat die besten Kontakte.

Der erste Club wurde 1905 in den USA gegründet. In Deutschland existieren die Clubs seit 1927, der erste entstand in Hamburg. Der Name „Rotary" leitet sich von der frühen Praxis her, sich im Rotationssystem in den verschiedenen Büros der Mitglieder zu treffen. Mitglied kann nur werden, wer eingeladen wird. Die Lions-Clubs folgen der gleichen Grundidee wie die Rotary-Clubs. Nummer eins formierte sich 1917 in den USA. Der erste deutsche Lions-Club wurde am 5. Dezember 1951 in Düsseldorf gegründet. Mitmachen kann ebenfalls nur, wer Fürsprecher findet. Heute gibt es noch eine Reihe weiterer exklusiver Clubs (siehe auch Service auf S. 37).

Neben den übergreifenden Organisationen entstanden inzwischen aber auch lokal begrenzte branchen- oder berufsbezogene Clubs. Einige von ihnen öffnen ihre Türen nur denjenigen, die Empfehlungen vorzeigen können. Die meisten jedoch sind offen. Lediglich ein Mitgliedsbeitrag und bei einigen auch nachweisbares Engagement sind gefordert. Allen gemeinsam ist, dass man sich regelmäßig etwa zu einem Vortrag oder einer Diskussion trifft und im Anschluss informell austauscht.

Außerdem existieren seit rund zwei Jahrzehnten auch Netzwerke speziell für Frauen. Zu den bekanntesten gehört Zonta, ein internationaler Zusammenschluss berufstätiger Frauen in leitender oder selbstständiger Position. Er funktioniert wie Rotary oder Lions. Wie Zonta schließen die meisten Frauenclubs Männer aus oder lassen sie nur als

Fördermitglieder zu. Ob das sinnvoll ist, wird allerdings in Frauennetzwerken kontrovers diskutiert. Die Befürworter des Ausschlusses argumentieren, dass Frauen auch heute noch Freiräume bräuchten. Die Gegner opponieren, reine Frauenclubs seien wenig effektiv. Karin Büchner, eine Netzwerkerin der ersten Stunde, die 1993 das Handbuch „Frauennetzwerke" veröffentlichte, formulierte knapp zehn Jahre später deutlich: „Es nützt nichts, etwas sagen zu wollen – man muss es schon an der richtigen Stelle sagen." Mit anderen Worten: Da nach wie vor überwiegend Männer in Entscheidungspositionen sitzen, helfen auch Netzwerke nur, wenn dabei Kontakte zu Männern entstehen.

■ Service: Wichtige Netzwerke

Beispiele für branchenübergreifende Clubs

- Rotary (www.rotary.org/de)
- Lions (www.lions.de)
- Ambassador (www.ambassador-club.de)

Weitere unter wikipedia.org/wiki/Kategorie:Gesellschaftsclub

Beispiele für branchen- oder berufsbezogene Gruppen

- Bundesverband deutscher Volks und Betriebswirte e.V. – Netzwerk mit zahlreichen Arbeits- und Regionalgruppen in ganz Deutschland (www.bdvb.de)
- IfKom – Das Ingenieur-Netzwerk. Europas größter Verband von Ingenieuren (www.ifkom.de)

Weitere auf den Seiten der Arbeitsagentur: www.arbeitsagentur.de

Beispiele für große Frauennetzwerke

- Zonta (www.zonta.de)
- Business and Professional Woman – BPW Germany (www.bpw-germany.de)
- European Women's Management Development International Network – EWMD (www.ewmd.org/networks/ewmd-germany)

Etwa 50 bundesweit aktive Frauenverbände haben sich unter dem Dachverband Deutscher Frauenrat e.V. zusammengeschlossen. Zentrale Anliegen des Rates sind Chancengleichheit und gleichwertige

Anerkennung von Frauen und Männern in Beruf und Familie, in Gesellschaft, Politik, Wirtschaft und Kultur. Überblick unter: www.frauenrat.de. Weitere Frauenverbände unter www.diemedia.de

Alumniclubs

Gute Netzwerkmöglichkeiten bieten außerdem Alumni-Klubs, also Vereinigungen ehemaliger Studenten. Derzeit gibt es etwa 800 Clubs deutschlandweit. Übersicht unter www.alumni-clubs.net

Für welche Gruppe Sie sich letztlich entscheiden, ist aber vielleicht auch gar nicht so wichtig. Entscheidender ist, dass Sie sich aktiv einbringen und nicht nur passiv Mitgliedsbeiträge bezahlen. Sie sollten regelmäßig an den Treffen teilnehmen – und auch unabhängig von diesen die Kontakte pflegen. Mit anderen Worten: Auch wenn es gerade nicht passt, müssen Anfragen beantwortet und Termine wahrgenommen werden. Hilfreich ist dabei ein guter elektronischer Terminkalender, der auch Geburtstage nicht vergisst.

> **Tipp:** Auch wenn es beim ersten Mal nicht sofort klappt, geben Sie nicht zu schnell auf. Networking braucht Zeit. Zuerst heißt es geben, dann erst nehmen. Mitunter braucht es Jahre, bis Sie die Ernte Ihrer Bemühungen einfahren können.

Das Minimalziel des Networkings muss also heißen: Effektiv Smalltalk betreiben. Im Idealfall steuern Sie selbst Vorträge bei oder organisieren Treffen. Wer sich nicht traut, andere anzusprechen, kann dies auch gezielt üben – beispielsweise bei privaten Feiern oder sogar im Supermarkt.

■   **Service: Tipps für Netzwerkertreffen**

- Signalisieren Sie Offenheit. Gehen Sie aktiv auf andere Teilnehmer zu.
- Stellen Sie Fragen, aber fassen Sie sich dabei kurz. Andere wollen auch zum Zug kommen. Als Faustregel gilt: maximal 20 Minuten pro Gesprächspartner.
- Bei größerem Gesprächsbedarf vereinbaren Sie einen späteren (Telefon-)Termin. Wichtig: Immer genügend Visitenkarten einstecken.

- Sammeln Sie selbst Visitenkarten ein und beschriften diese sofort mit Stichworten. Sonst erinnern Sie sich später nicht mehr.
- Nehmen Sie regelmäßig teil.

Selbstmarketing im Netz

Ebenfalls gute – und sogar zunehmend bessere – Möglichkeiten, auf sich aufmerksam zu machen, bietet neben der realen auch die virtuelle Welt. Derzeit spielt das Web bei der Besetzung von Stellen zwar noch nicht die Hauptrolle, aber ein Trend ist erkennbar. Schon in ein paar Jahren, davon sind Personalverantwortliche wie Berater überzeugt, werden sich die Verhältnisse umgedreht haben. Wohl denen, die dann die Nase vorn haben.

Ein erster Schritt in Sachen Web-Marketing ist die eigene Homepage – zumindest in einigen Branchen ist sie mittlerweile sogar unverzichtbar. Aber sie allein reicht schon lange nicht mehr. Wer wirklich auffallen will, muss mehr tun: Werden Sie auch in Online-Netzwerken aktiv. Twittern Sie! Bloggen Sie! In den folgenden Kapiteln erfahren Sie Schritt für Schritt, wie es geht.

Der Vorteil für alle, die mitmachen: Bereits jetzt nutzt rund ein Fünftel der deutschen Arbeitgeber das Netz, um nach interessanten Kandidaten Ausschau zu halten oder sich genauere Informationen über sie zu verschaffen. Dies ergab Anfang 2009 eine repräsentative Umfrage des Hightech-Verbandes Bitkom unter mehr als 800 Firmen quer durch alle Branchen. Das deutsche Ministerium für Verbraucherschutz geht sogar davon aus, dass jeder vierte Personaler Inhalte aus dem Internet in seine Personalentscheidungen einbezieht. Tendenz: rasch steigend.

■ Service: Glossar für Netzneulinge

Onlinecommunity

Eine Onlinecommunity ist eine Gemeinschaft von Menschen, die einander im Internet begegnen und sich dort austauschen. Findet die Kommunikation in einem Sozialen Netzwerk statt, das als Plattform zum gegenseitigen Austausch von Meinungen, Eindrücken und Erfahrungen dient, spricht man auch von Sozialen Medien. Bekannte Hilfsmittel zur Kommunikation der Mitglieder untereinander sind E-Mail, Chat, Instant Messenger und Forum.

Instant-Messages-Dienste

Nachrichtensofortversand ohne Archivierung. Nutzer können unmittelbar miteinander kommunizieren. Wird sowohl für private (Klatsch und Tratsch) wie auch für berufliche Zwecke genutzt. Voraussetzung ist eine Verbindung mit dem Internet. Bekannte Instant-Messages-Dienste sind Windows Live Messenger, Yahoo! Messenger oder auch Skype. Skype-Nutzer können untereinander kostenlos telefonieren (sogar mit Videoübertragung). Eine gute Möglichkeit, auch über sehr weite Distanzen persönliche Beziehungen zu pflegen.

Blog

Vereinfacht könnte man sagen, ein Blog ist das Online-Journal eines Internetnutzers, in dem er in chronologischer Reihenfolge Gedanken zu einem Thema veröffentlicht. In der Regel wird er täglich „posten", sprich: aktuelle Nachrichten hinzufügen. Der Internetnutzer kann seinen Blog auch so einrichten, dass Besucher Kommentare oder Beiträge einstellen können. Spezielle technische Kenntnisse sind nicht nötig – wer das Schreibprogramm Word kennt, kann mitmachen.

Social Bookmarking

Social Bookmarks sind Lesezeichen, die im Internet abgelegt werden. Nutzer können eigene Lesezeichen hinzufügen, kommentieren, löschen und mit Schlagwörtern, sogenannten Tags, versehen. Öffentliche Lesezeichen sind für alle einsehbar, private nur für den jeweiligen Nutzer. Zu den Anbietern zählen: Delicious, Digg, Yigg, reddit, Webnews, Folkd, StumbleUpon, Mr. Wong, Icio, Oneview, Linkarena, Google Bookmarks, Yahoo! Bookmarks.

Twitter

Im März 2006 wurde Twitter (www.twitter.com) der Öffentlichkeit vorgestellt und gilt seither als die am schnellsten wachsende Seite im Internet. Nutzer können ihre persönlichen Kurznachrichten mit maximal 140 Zeichen in die Welt hinaus„zwitschern" (englisch: to tweet). Um die Nachrichten eines anderen lesen zu können, muss man sie abonnieren und ist dann ein „Follower". Anfang 2010 hat die American Dialect Society den Begriff „tweet" zum „Wort des Jahres 2009" gewählt.

Twitter wird sogar dafür genutzt – so beispielsweise in der Ukraine geschehen –, Demonstrationen zu organisieren.

YouTube

Der Anfang war zwar nicht gerade berauschend: Das erste Filmchen, das ein gewisser Yakov Lapitzky am Samstag, den 23. April 2005, in das Videoportal YouTube einstellte, hieß "Me at the zoo", dauerte 19 Sekunden und zeigte einen jungen Mann namens Jawed, der im Zoo von San Diego vor dem Elefantengehege stand und sich über die großen Rüssel der Tiere verbreitete. Ungeachtet dessen hat die Videoplattform im Internet Karriere gemacht und wurde im Oktober 2006 von Google gekauft. Im Herbst 2009 meldete das Unternehmen eine Milliarde Videoabrufe täglich.

Die eigene Homepage

Die eigene Homepage ist ein erster Schritt zum gelungenen Selbstmarketing, obgleich sie allein heute kaum noch ausreichend ist. Dennoch sollten Sie sich zuerst eine Domain sichern, die möglichst eng an Ihren Namen angelehnt ist. Aussagekräftige und seltene Namenskombinationen wie „Hildebrandt-Woeckel" (www.hildebrandt-woeckel.de), haben es zugegebenermaßen leichter. Doch auch als „Anna Meyer" oder „Peter Müller" können Sie sich treffsicher im Internet platzieren. Hier hilft eventuell eine Kombination mit Ihrer Tätigkeit, beispielsweise www.grafikmueller.de.

Im zweiten Schritt legen Sie dann unter dieser Domain eine eigene Homepage an. Hierzu gibt es verschiedene Möglichkeiten, angefangen bei aufwendiger HTML-Programmierung, für die man in der Regel einen Spezialisten braucht, bis hin zu Baukastensystemen, wie sie teilweise schon von den Domainbetreibern angeboten werden. Wer selbst aktiv werden will und es dennoch etwas aufwendiger mag, kann auch mit Websitecreatoren arbeiten. Die gibt es in Online-Versionen (das bedeutet, Sie verwenden das Tool direkt im Internet ohne Installation zu Hause) oder offline (das bedeutet, Sie müssen das Tool auf Ihrem Rechner installieren). Von allen Anbietern gibt es Demoversionen, mit denen Sie zunächst abklären können, ob das Programm Ihren Bedürfnissen entspricht – und ob Sie persönlich damit klarkommen. Viele Versionen sind selbsterklärend.

Natürlich können Sie auch noch einen Schritt weitergehen und auf Ihrer Homepage interaktive Elemente, beispielsweise ein Diskussionsforum oder einen Blog, einrichten oder auf solche verlinken. Bloggen können Sie kostenlos bei blog.com oder blogger.de. Oder setzen Sie einen Link zu ihrem eigenen kostenlosen Tweet bei Twitter, wo Sie dann regelmäßig zu Ihrem Themengebiet schreiben. Vor allem in Zukunft, davon gehen Experten aus, werden reine Informationsseiten nicht mehr ausreichen. Je mehr interaktive Elemente auf einer Seite stehen, umso leichter werden Sie gefunden.

Grundsätzlich gilt: Für den Anfang muss die eigene Homepage nicht mit tollen Effekten bestückt sein. Sie muss aber unbedingt alle aussagekräftigen Daten zu Ihrer Person enthalten und sollte möglichst zu allen anderen relevanten Netzaktivitäten verlinken.

> **Tipp:** Wenn Ihnen eine eigene Website zu aufwendig ist, können Sie sich auch bei kostenlosen Profildiensten anmelden, beispielsweise MyOnID (www.myonid.de). Dort können Sie ein eigenes Profil anlegen und dann auf Ihre sonstigen wichtigen Aktivitäten und Beiträge im Netz verlinken. Somit schaffen Sie mit einfachen Mitteln einen zentralen Anlaufpunkt zur Ihrer Person im Netz, der zudem in den Suchmaschinen prominent gelistet wird.

XING, Facebook und Co.

Weitaus komplizierter als eine eigene Homepage ist die darüber hinausgehende Selbstdarstellung im Netz. Das Angebot ist groß, der Nutzen mitunter unverständlich bis undurchsichtig. Allein über 100 deutschsprachige Netzwerke gibt es mittlerweile (die meisten davon fachbezogen), unzählige Foren, Blogs und andere Dienste. Überall mitzumischen ist weder sinnvoll noch überhaupt machbar. Bevor Sie also einsteigen, sollten Sie sich gezielt mit der Materie befassen.

Im ersten Schritt kontrollieren Sie, was über Sie bereits im Netz kursiert. Gibt es eventuell längst vergessene Einträge aus vergangenen Jahren, haben vielleicht andere Informationen eingestellt? Eine gute Möglichkeit, dies herauszufinden, ist, zunächst den eigenen Namen in Suchmaschinen einzugeben. Im Idealfall sollte hier an erster Stelle die eigene Homepage erscheinen oder ein strukturiert angelegtes Profil. Ist dies nicht der Fall, wird es höchste Zeit. Nur wer die schöne neue Welt richtig nutzt, findet optimale Bedingungen, sich schnell bekannt zu machen. Personal Branding nennt man diese neue Art der Selbstdarstellung im Netz.

Das Thema hat so an Bedeutung gewonnen, dass man mittlerweile sogar schon an einigen Schulen Handlungsbedarf erkannt hat. In Deutschland sind es zwar erst einzelne Lehranstalten, die Karrieremanagement mit Online-Medien lehren – in anderen Ländern schreitet man schneller voran. Der frühere englische Bildungs- und Erziehungsminister Edward Balls hat Ende 2009 ein Programm ins Leben gerufen, das bereits Grundschüler mit Facebook und YouTube sowie den Techniken der Selbstdarstellung im Netz vertraut machen soll. Zunächst wird an 38 Projektschulen gestartet. Ist das Konzept erfolgreich, sollen künftig alle Sieben- bis Elfjährigen mitmachen. Medienwirksam unterstützt wird die Idee von Alex Ferguson, dem Fußballtrainer von Manchester United. Fergusons unschlagbares Argument: Wer Profikicker werden will, muss auch früh starten.

Millionen Menschen – auch in Deutschland – haben das bereits erkannt: Im dritten Quartal 2009 gab es hierzulande 26,4 Millionen aktive Nutzer pro Monat. Das waren 3,6 Millionen mehr als im entsprechenden Vorjahresquartal.

Und so geht es:

Zunächst müssen Sie Mitglied in einer oder besser mehreren Onlinecommunitys werden. Konkret bedeutet dies, dass Sie in den ausgewählten Netzwerken ein Porträt anlegen, das Ihre wesentlichen

Daten und ein Foto enthält. Je nach Community etwas abgewandelt sind das Angaben zur Berufslaufbahn, Interessen, Mitgliedschaften in Gruppen oder Verbänden u.Ä.

Experten gehen davon aus, dass für Berufseinsteiger zwei bis drei der etablierten Netzwerke reichen (die derzeit in Deutschland wichtigsten Online-Netzwerke siehe Service Seite 46). Je länger Sie schon im Berufsleben stehen, umso mehr dürfen es werden. Zurückhaltung ist dabei allerdings bei eher privat orientierten Communitys wie Facebook, My Space, Stayfriends oder Lokalisten angesagt.

Natürlich haben auch diese Netzwerke ihre Berechtigung, vor allem für die Informationsbeschaffung. Experten gehen davon aus, dass sie über kurz oder lang Suchmaschinen wie Google oder Yahoo ablösen werden. Ihr Vorteil: Daten werden nicht technisch gesammelt, sondern von Menschen eingetragen. Wer bei Google einen Firmennamen als Suchbegriff eingibt, mag viele Treffer erlangen. Wer dagegen seine Freunde befragt, bekommt Bewertungen. Ähnlich verhält es sich bei privaten Netzwerken, auch wenn sie für das Personal Branding (persönliche Markenbildung) zunächst wenig bringen – allein schon deswegen, weil sich kaum Firmen in ihnen betätigen. In eher geschäftlichen Communitys wie XING oder LinkedIn sind dagegen zunehmend auch Unternehmen unterwegs, die nicht nur gesucht werden, sondern auch selbst ihr eigenes Markenimage (Employer Branding) verbessern wollen. Manche Großunternehmen wie die Allianz twittern sogar.

Noch wichtiger als die Wahl der Netzwerke ist jedoch, dass alle Einträge mit Umsicht erfolgen, insbesondere dann, wenn die Netzwerkaktivitäten tatsächlich in der Hauptsache dazu dienen sollen, beruflich Kontakte zu knüpfen. Und das gleich aus zwei Gründen:

- Zum einen zeigen aktuelle Studien, dass viele Netzwerke erhebliche Sicherheitsmängel haben und von Kriminellen zum Daten- und Identitätsklau benutzt werden.
- Zum anderen, weil eben gerade in den Personalabteilungen genau hingeschaut wird.

Zunächst zu den Sicherheitsmängeln: Stiftung Warentest hat im April 2010 alle gängigen Netzwerke durch genehmigte Hackeran-griffe getestet und kam zu dem Ergebnis, dass eigentlich keines von ihnen alle Sicherheitsstandards erfüllt. Die Einwilligung zum Daten-späh gaben sechs der zehn Communitys – und waren selbst verblüfft, wie leicht Externe Konten übernehmen konnten. Welche Gefahren tatsächlich dahinter stehen, zeigen zunehmende Fälle von Identitäts-diebstahl: Es genügen der Name, das dazugehörige Geburtsdatum und vielleicht noch der Beruf einer Person. Die Betrüger müssen nur noch eine Internetadresse erfinden und damit Waren bestellen. Viele Händler liefern ohne Identitätsprüfung. Wenn die Rechnungen aller-dings nicht bezahlt werden, treiben Inkassounternehmen das Geld bei den realen Personen ein.

> **Tipp:** Wenn Sie ein Profil eingerichtet haben, greifen Sie nicht vom Handy aus darauf zu, auch wenn viele Anbieter das empfehlen. Dabei werden Login-Name und Passwort im Klartext übertragen, d.h. unverschlüsselt.
>
> Wählen Sie außerdem immer Passwörter, die aus mindestens sechs Zei-chen bestehen und Sonderzeichen oder Zahlen enthalten (Netzwerke, die das nicht zulassen, sollten Sie meiden). Benutzen Sie nicht immer exakt dasselbe Passwort, sondern variieren Sie zumindest um zwei oder drei Zeichen.

Diese Unsicherheit bedeutet nicht, dass Sie ganz auf die Nutzung von Onlinecommunitys verzichten müssen. Geben Sie jedoch höchstens Ihre Firmenadresse an, nicht Ihre privaten Kontaktdaten. Bei rein privaten Netzwerken raten Datenschützer zusätzlich, ganz auf Klar-namen zu verzichten. Dann kann es auch nicht zu Problemen mit potenziellen Arbeitgebern kommen.

Big Brother im Netz

Laut einer von der Bundesregierung beim Bonner Dimap-Institut (Das Institut für Markt- und Politikforschung) in Auftrag gegebe-nen Befragung verlassen sich Recruiter immer weniger allein auf die Papierform, sondern informieren sich zusätzlich im Netz über poten-zielle Kandidaten – insbesondere dann, wenn die erste Hürde schon genommen ist und eigentlich eine Einladung zum Vorstellungsgespräch ins Haus stünde. „Jedes Puzzleteil, das Arbeitgeber finden, kann dann eine Auswirkung haben", betont Kommunikationsberater Klaus Eck, der zu diesem Thema sogar ein Buch („Karrierefalle Internet") geschrieben hat. Stoßen sie beispielsweise auf allzu freizügige Fotos, zeitaufwendige Hobbys oder private Blog-Beiträge, war es das mitunter schon. 16 Prozent aller Unternehmen haben schon Bewerber wegen unpassender Einträge oder Äußerungen im Netz abgelehnt, so eine aktuelle Untersuchung von Microsoft Deutschland.

Besonders negativ schlägt dabei zu Buche, wenn sich Bewerber im Internet abwertend über ihre derzeitige Jobsituation äußern. Für 76 Prozent der Dimap-Befragten war dies ein absolutes Tabu. Politische Äußerungen spielen dagegen zumeist keine Rolle.

Tipp: Betreiben Sie Ihre Imagepflege nicht während der Arbeitszeit. Das wird in keinem Unternehmen gerne gesehen – oft ist es sogar verboten. Laut einer aktuellen Befragung, die von dem Personaldienstleister Robert Half Technology in Auftrag gegeben wurde, verbieten 54 Prozent aller Unternehmen in den USA ihren Mitarbeitern, sich während der Arbeitszeit in eine der diversen Social-Media-Plattformen einzuloggen. Auch in Deutschland ist die arbeitsrechtliche Situation eindeutig. Wenn die Netzwerkaktivität nicht für den Job benötigt wird und private Internetnutzung nicht explizit erlaubt ist, dürfen entsprechende Seiten während der Arbeitszeit weder abgefragt noch offen gehalten werden.

■ ### Service: Bekannte Onlinecommunitys und ihr Nutzen für die Karriere

studiVZ / meinVZ

Die VZ-Communitys gehören zu den meistgenutzten in Deutschland. Laut einer Erhebung des Internet-Marktforschungsunternehmens ComScore haben sich im dritten Quartal 2009 14,6 Millionen Menschen beteiligt. studiVZ richtet sich an Studenten, meinVZ an alle anderen Erwachsenen. Außerdem gibt es noch schülerVZ für Jugendliche ab 12. Jedes Mitglied kann ein Profil anlegen, Gruppen gründen oder ihnen betreten und mit den anderen Mitgliedern kommunizieren.

Alle drei Communitys gelten als vorbildlich bei den Nutzerrechten, haben jedoch laut Stiftung Warentest Schwachstellen bei der Datensicherheit.

Karrierefaktor	gering
Spaßfaktor	hoch
Kosten	keine
Web	www.studivz.net, www.meinvz.net

XING

XING hat bei Weitem nicht so viele Nutzer (derzeit geschätzt rund acht Millionen), gilt aber dennoch in Deutschland als das bekannteste Business-Netzwerk. Es richtet sich gezielt an Berufstätige, Unternehmer und Selbstständige und hat das eindeutige Ziel, die Karriereplanung zu unterstützen. Das Profil, das die Mitglieder hinterlegen können, ist rein geschäftsmäßig orientiert, lediglich auf der Unterseite „Über mich" kann man auch Privates einstellen. Außerdem gibt es einen Marktplatz für Dienstleistungen.

Unter dem Namen Open BC gegründet, wurde es 2006 umbenannt und ging als erstes deutsches Web-2.0-Unternehmen an die Börse.

Experten bestätigen einen guten Umgang mit Nutzerdaten. Die Sicherheitsprüfung von Stiftung Warentest wurde jedoch verweigert.

Karrierefaktor	sehr groß
Spaßfaktor	gering
Kosten	Es gibt eine kostenlose Mitgliedschaft. Wer aber alle Möglichkeiten nutzen will, muss sechs Euro im Monat bezahlen.
Web	www.xing.com

LinkedIn

Auch LinkedIn richtet sich in erster Linie an die Berufswelt. In Deutschland ist das Netzwerk, das weltweit 60 Millionen Mitglieder zählt, allerdings nicht annähernd so verbreitet wie XING, obwohl es seit 2009 auch eine deutschsprachige Version gibt. Vor allem Bewerber tun sich schwer. Die großen deutschen Arbeitgeber dagegen haben das Potenzial erkannt: Laut einer Studie sind 87 Prozent aller

DAX-Unternehmen sowie 93 der deutschen Top-15-Arbeitgeber dort vertreten. Anders als bei XING sind viele Aktivitäten von LinkedIn daran gekoppelt, von anderen Mitgliedern empfohlen zu werden. Damit agiert das Online-Netzwerk ähnlich wie viele Offline-Netzwerke, etwa der Lions-Club oder die Rotarier. Durch dieses Empfehlungssystem sehen sich die Betreiber anderen Communitys gegenüber im Vorteil.

Von Stiftung Warentest erhielt LinkedIn die schlechteste Beurteilung, weil u.a. die Geschäftsbedingungen wenig transparent sind und die Sicherheitsprüfung verweigert wurde.

Karrierefaktor	sehr hoch
Spaßfaktor	gering
Kosten	Es gibt eine kostenlose Mitgliedschaft, die aber sehr eingeschränkt ist. Wer wirklich mitmischen will, muss für die internationale Version zwischen 25 und 500 Euro im Monat hinlegen.
Web	www.linkedin.com

Facebook

Weltweit läuft Facebook den VZ-Communitys den Rang ab. Nach MySpace gilt sie als die weltweit größte und zählt mehr als 400 Millionen Nutzer. 65 Millionen von ihnen nutzen das Angebot auch auf ihrem Handy. Ursprünglich wie studiVZ für Studenten gedacht, zieht das Netzwerk mittlerweile alle Altersgruppen an. Durchschnittlich hat ein Facebook-Nutzer mehr als 120 Kontakte in seiner Liste. Nach Expertenmeinung bietet Facebook im Vergleich zu anderen Communitys die größten Spielmöglichkeiten – neben dem Profil können ganze Fotoalben online gestellt werden. Mitglieder können ihre Profile außerdem in Tools einbinden und dadurch anzeigen lassen, was sie gerade machen, wofür sie sich gerade interessieren usw. Immer populärer wird Facebook als Alternative zu den klassischen Suchmaschinen. Wer Fragen hat, stellt diese online und bekommt in der Regel passgenauere Antworten als bei Google.

Weil Facebook Ende 2009 plötzlich und ohne Vorwarnung seine Datenschutzeinstellungen geändert hat und damit Einträge öffentlich wurden, die von den Nutzern ursprünglich als privat (und damit nur für Freunde sichtbar) eingestuft worden waren, fiel das Netzwerk bei Stiftung Warentest ebenfalls durch. Auch Facebook hat die Sicherheitsprüfung verweigert.

Karrierefaktor	Es gibt relativ viel Raum für ein berufliches Profil, dennoch spielt Facebook derzeit kaum eine Rolle bei Jobsuche und -vermittlung.
Spaßfaktor	sehr hoch
Kosten	keine
Web	www.facebook.de

MySpace

MySpace (etwa 100 Millionen Mitglieder) gilt als das weltweit bekannteste Netzwerk und ist in über 30 länderspezifischen Varianten abrufbar. Grundsätzlich richtet es sich an alle Nutzer, hat aber einen eindeutigen Schwerpunkt auf der Musikwelt. Technisch ist es ebenso ausgefeilt wie Facebook. Besonderheit: Jeder Nutzer kann Songs auf seine Profilseite laden und Clips einbinden.

Das Urteil von Stiftung Warentest: ebenfalls mangelhaft. Die Sicherheitsprüfung wurde verweigert.

Karrierefaktor	für die Musikwelt vorteilhaft, ansonsten gering
Spaßfaktor	sehr hoch
Kosten	keine
Web	www.myspace.com

Windows Live

Ist vom Ansatz her eine Sammlung von Online-Diensten und sonstigen Produkten von Microsoft. Es gibt auch die Möglichkeit, ein Profil zu erstellen.

Von Stiftung Warentest nicht erfasst.

Karrierefaktor	gering
Spaßfaktor	mittel
Kosten	Grundversion kostenfrei
Web	www.windowslive.com

Lokalisten.de

Die Lokalisten agieren zwar im World Wide Web, aber anders als andere Online-Netzwerker sind sie nicht unbedingt an weltweiten Kontakten interessiert. Wer Mitglied wird, gibt seine Homebase (Stadt und Bundesland) an und sieht dann auch nur Nutzer, Blogs oder Events dieser Region. Zielgruppe ist außerdem erklärtermaßen nur die jüngere Generation. Smalltalk, Freunde und Partnersuche stehen im Vordergrund.

Ergebnis von Stiftung Warentest: Ergebnisse im Mittelfeld, Note befriedigend.

Karrierefaktor	gering
Spaßfaktor	hoch
Kosten	keine
Web	www.lokalisten.de

StayFriends

Die sogenannte Freunde-Suchmaschine gibt es bereits seit 2002, womit sie zu den ältesten Anbietern gehört. Die Möglichkeiten, ein Profil anzulegen, sind deutlich geringer als bei anderen Communitys.

Der Umgang mit den Nutzerdaten gilt als gut. Stiftung Warentest bewertete mit ausreichend.

Karrierefaktor	gering
Spaßfaktor	mittel
Kosten	Grundfunktionen sind kostenlos. Wer aber eine Nachricht versenden will, muss für 18 Euro pro Jahr Goldmitglied werden.
Web	www.stayfriends.de

Wer kennt wen

Wie Stayfriends hat „Wer kennt wen?" den Ansatz, alte Freunde und Bekannte wiederzutreffen – zumindest im World Wide Web. Im Schnitt hat diese Community vermutlich die ältesten Mitglieder, von der Hausfrau bis zum Rentner können sich alle registrieren, insgesamt sind knapp acht Millionen Profile eingestellt. Man kann nicht nur nach Namen, sondern auch nach Adressen suchen. Trotzdem gilt der

Umgang mit den Nutzerdaten als gut, die AGB weisen keine Mängel auf. Befriedigend bei Stiftung Warentest.

Karrierefaktor	gering
Spaßfaktor	hoch
Kosten	keine
Web	www.wer-kennt-wen.de

Jappy

Bei Jappy.de steht eindeutig der Spaßfaktor im Vordergrund. Über Chats, Foren, Gruppen und Gästebücher sollen Freundschaften gepflegt werden. Die Foren sind thematisch gegliedert.

Bei Jappy erwies sich der „Datenklau" von Stiftung Warentest am einfachsten. Dennoch erreichte das Netzwerk insgesamt eine befriedigende Gesamtbewertung.

Karrierefaktor	gering
Spaßfaktor	sehr hoch
Kosten	keine
Web	www.jappy.de

Alle Testergebnisse von Stiftung Warentest finden Sie unter www.test.de/themen/computer-telefon/test/Soziale-Netzwerke-Datenschutz-oft-mangelhaft-1854798-1855976/

Ein Bild sagt mehr als tausend Infos

Wie bei Bewerbungsunterlagen sind auch bei Einträgen in Online-communitys die Fotos elementar. Aufnahmen, die Sie mit Cocktail auf den Bahamas zeigen, mögen zwar in der Stammkneipe beeindrucken, in Bewerbungsunterlagen gehören sie nicht und damit auch nicht in Online-Porträts – zumindest nicht auf die erste Profilseite. Grundsätzlich gelten hier die gleichen Bedingungen wie bei Papierunterlagen: Sie müssen professionell sein und seriös wirken.

Die Realität sieht jedoch oft anders aus, wie eine Auswertung der Hamburger Karriereberaterin und Autorin Svenia Hofert ergeben hat („Jobsuche und Bewerben im Web 2.0"). Sie hat 100 zufällig ausgewählte Bilder von Jobsuchenden im Portal XING unter die Lupe genommen und kam zu dem erschreckenden Ergebnis: 95 Prozent sind nicht dem geschäftlichen Umfeld angemessen. Die Aufnahmen sind zu privat, zeigen zu viel Körper und zu wenig Kopf oder zu bunte Hintergründe. Viele sind außerdem schlecht digitalisiert.

Bei der Auswahl Ihrer Online-Bewerbungsfotos sollten Sie auch berücksichtigen, dass potenzielle Arbeitgeber Ihre Auftritte in den verschiedenen Communitys besuchen und bewerten werden. Wenn Sie sich also in mehrere Netzwerke eintragen, sollten Sie die Porträts aufeinander abstimmen und immer dasselbe Foto verwenden. Das erhöht außerdem den Wiedererkennungswert. In eher privat orientierten Communitys können Sie selbstverständlich auch andere Fotos einstellen. Sie sollten allerdings vorher überprüfen, wer im Zweifel auf diese zugreifen kann.

Nehmen Sie sich Zeit

Grundsätzlich gilt für das Erstellen von Online-Porträts dasselbe, was auch für Bewerbungsunterlagen gilt: Beides braucht Zeit und Muße. Überlegen Sie genau, welche beruflichen Stationen und Qualifikationen wichtig sind, und nehmen Sie sich Zeit beim Ausfüllen. Kommunikationsberater Klaus Eck empfiehlt, beim Eintrag an eine Vorstellungsrunde mit Geschäftspartnern zu denken. Jeder will genau wissen, mit wem er es zu tun hat – und wägt sorgfältig ab, welche Informationen er von sich selbst preisgibt. Tippfehler sind keine Visitenkarte.

■   **Service: Der optimale Eintrag**

░ Das Bild, das beim ersten Klick erscheint, muss die gleichen Qualitätskriterien erfüllen wie ein Foto in der Bewerbungsmappe.

░ Legen Sie Ihr Augenmerk auf die Kurzbeschreibung. In vielen Foren erscheint sie immer zusammen mit dem Bild, beispielsweise, wenn Sie Artikel in Foren publizieren. Finden Sie eine schnittige Formulierung, gut ist auch ein Werbespruch (Claim), beispielsweise „Ihr Experte für ...".

- Nutzen Sie möglichst alle Rubriken. Hinterlegen Sie insbesondere einen aussagekräftigen Lebenslauf, der nicht nur berufliche Stationen auflistet, sondern auch Qualifikationen.
- Haben Sie Preise gewonnen, Auszeichnungen bekommen? Hier ist der richtige Ort, dies bekannt zu machen.
- Und last but not least: Verlinken Sie Ihre Porträts miteinander.

Viele Freunde – viele Möglichkeiten?

Heiß diskutiert ist das Thema Freundschaften im Netz (und im realen Leben). Denn natürlich reicht der Eintrag allein noch nicht. Wer Aufmerksamkeit erregen will, muss auch aktiv werden. Und das bedeutet zunächst einmal, Kontakte zu sammeln – darin sind sich alle Selbstmarketing-Experten einig. Uneinigkeit besteht allerdings darin, wie viele Kontakte für die Karriereplanung wirklich hilfreich sind. Die einen behaupten, mehr als 100 oder 150 Kontakte könne niemand ernsthaft managen, und empfehlen sogar, darauf zu achten, sich möglichst nur mit renommierten Leuten oder Personen, die man tatsächlich kennt (denen man also auch im realen Leben schon begegnet ist), zu verlinken. Die anderen raten dagegen, analog zum realen Networking, möglichst viele zu sammeln.

Das Magazin WirtschaftsWoche hat dieser Frage Mitte 2009 eigens einen ausführlichen Artikel gewidmet und stellte ihm ein Zitat des Chemie- und Friedensnobelpreisträgers Linus Pauling voran, der behauptet: „Erfolgreich war ich wegen der Vielfalt meiner Kontakte, nicht wegen meines Intellekts."

Und es gibt durchaus auch Studien, die als Beleg für die These herangezogen werden können, dass Masse entscheidet und nicht Klasse. So untersuchte der US-Soziologe Mark Granovetter bereits in den 1970er-Jahren, wie Ingenieure in Boston an eine neue Stelle kamen. Das Ergebnis, wonach 56 Prozent aufgrund persönlicher Kontakte eingestellt wurden, überrascht zunächst nicht. Erstaunlich ist allerdings, dass die Fürsprecher nicht wirkliche Freunde oder gute Kollegen waren, sondern eher lose Bekanntschaften. 84 Prozent der Befragten gaben an, den Vermittler „gelegentlich" oder gar „selten" persönlich gesehen zu haben, was die Vermutung nahelegt, dass es eher Freunde von Freunden waren oder Kollegen der Kollegen, die die Empfehlung ausgesprochen hatten. Granovetter beschließt seine Studie mit der Aussage, dass Jobinformationen schwerpunktmäßig über lose Bekanntschaften weitergegeben werden, und entwickelt daraus die These: Je mehr lose Kontakte jemand hat, umso erfolgreicher ist er bei der Jobsuche.

Eine Behauptung, für die sich auch in der heutigen Zeit Vorzeigekarrieren finden lassen. Thorsten Hahn ist hierfür ein gutes Bespiel: Erst seit 2004 im Online-Netzwerk XING aktiv, hat der ehemalige Versicherungsvertreter dort inzwischen über 30.000 Kontakte akquiriert und moderiert eine eigene Gruppe, den Bankingclub. Dennoch schreibt er weiterhin regelmäßig alle Neumitglieder an, die das Stichwort „Bank" eingeben. Hahn demonstriert überzeugend, dass mehr Kontakte auch mehr Gewinn bringen. Längst gibt es den Bankingclub als GmbH auch in der realen Welt, und Hahn organisiert dort Konferenzen und Kongresse.

Auch die Grundkonstruktion der meisten Online-Netzwerke trägt dieser These von vorneherein Rechnung. Es werden bewusst nicht nur die direkten Kontakte ausgewiesen, sondern auch die „Kontakte von Kontakten", die dann ganz einfach per Mausklick zu erreichen sind. Wer beispielsweise ein von XING autorisiertes Networking-Seminar besucht, lernt dort die Kontakte der Kontakte für sich zu nutzen. So können mit Hilfe der Suchfunktion ganz gezielt „Kontakte von Kontakten" herausgefiltert werden, die in avisierten Unternehmen tätig sind oder anderweitig als Schleuser dienen können. Wer diese dann anschreibt, hat also gleich einen guten Einstieg, beispielsweise, wenn einer dieser Kontakte bei einem interessanten Arbeitgeber arbeitet: „Über unseren gemeinsamen Freund/Bekannten/Kollegen von XY bin ich auf Sie gestoßen. Sie sind derzeit bei YZ tätig. Ich würde gerne mehr über Ihr Unternehmen erfahren …" Oder auch ganz direkt:

„Ich interessiere mich für eine Tätigkeit in der Abteilung ZA. Können Sie mir hier vielleicht einen Ansprechpartner nennen?"

Tipp: Netzwerker Thorsten Hahn hat seine Erfahrungen mittlerweile auch in Buchform gegossen: „77 Irrtümer des Networking … erfolgreich vermeiden." FinanzBuch Verlag 2009, ISBN 978-3-89879-460-2, 34,90 €

Der Masse Substanzielles geben

Entscheidend ist letztlich nicht, wie viele Freunde Sie im Netz haben – Sie müssen Ihnen auch etwas bieten. Oder noch genauer: Sie müssen der ganzen Online-Gemeinde etwas geben. Hier gilt wieder die Analogie zu realen Netzwerken: Es funktioniert nur, wenn Sie sich an die eingangs erwähnten Grundregeln des Selbstmarketings halten. Wer sich nur online einträgt, nach Namen von Freunden sucht, sich verlinkt und dann wieder zur Tagesordnung übergeht, kann sich die Mühe sparen. Übertragen auf Online-Aktivitäten, bedeutet dies: Treten Sie Foren und Gruppen bei und beteiligen Sie sich an den Diskussionen in diesen Foren, allerdings nicht mit leeren Kommentaren, sondern mit nutzwertigem Inhalt. Gerade diese Aktivitäten und Inhalte interessieren Personaler besonders.

Viele Unternehmen moderieren sogar ganz bewusst eigene Gruppen, diese gilt es zu finden. Wozu dies dient, lässt sich am Beispiel „Allianz" zeigen. Der Versicherer moderiert beispielsweise auf XING verschiedene Gruppen: Eine richtet sich an ehemalige Praktikanten, die so miteinander in Kontakt – und damit für das Unternehmen erreichbar – bleiben. Eine andere spricht High Potentials an. Hintergrund ist auch hier, künftig effektiver rekrutieren zu können.

Tipp: Wenn Sie keine Gruppe finden, die zu Ihnen passt, können Sie innerhalb Ihrer Community selbst eine ins Leben rufen. In der Regel geht das sehr einfach. Auch hier gilt: Sinn macht dies nur, wenn Sie aktiv agieren, Diskussionsthemen einstellen usw.

Doch egal, ob Sie innerhalb der Communitys nur mitdiskutieren, eigene Foren leiten oder sogar eine aufwendige eigene Seite betreiben: Bevor Sie loslegen, ist die Entwicklung eines Kommunikationskonzeptes Pflicht. Überlegen Sie sich genau, was Sie mit Ihren Texten sagen wollen. Heute „hü" und morgen „hott" geht nicht. Wer sich positionieren will, muss sich eindeutig positionieren. Dies gilt umso mehr, wenn Sie nicht nur in Netzwerken, sondern zusätzlich auch bei Twitter oder in Fach-Blogs aktiv sind.

> **Tipp:** Online-Freunde sind schön und gut. Noch effektiver funktioniert das Online-Netzwerken, wenn es in der realen Welt fortgesetzt wird. Viele Online-Gruppen organisieren daher reale Treffen. Machen Sie mit. Wie das geht, wissen Sie inzwischen.

Von den Sünden der Jugend und der Namensvetter – oder: Wie man ein Negativ-Image aufpoliert

Wie hilfreich ein positives Engagement im World Wide Web sein kann, haben wir nun gesehen. Doch leider verläuft auch in der virtuellen Welt nicht immer alles glatt. Vor allem zwei Szenarien gibt es, die dem eigenen Leumund großen Schaden zufügen können:

1. Namensvetter im Netz, die mit unseriösen Inhalten für Verwirrung sorgen

2. Eigene Sünden, beispielsweise Alkoholexzesse während der Schul- oder Studienzeit, die „nette" Freunde online gestellt haben

Zunächst zu Punkt 2: Grundsätzlich ist es nicht unmöglich, einmal veröffentlichte Inhalte aus dem Netz wieder entfernen zu lassen. Allerdings ist es auch nicht einfach. Im ersten Schritt sollten Sie sich an die Betreiber der fraglichen Homepage wenden. Einige sind kooperativ. Doch selbst wenn der schädliche Inhalt auf der Ursprungsseite gelöscht ist, kann er sich nach dem Schneeballeffekt weiterverbreitet haben. Vielleicht fanden andere Nutzer die Sache interessant und haben sie kopiert oder verlinkt. Außerdem gibt es das sogenannte „Cache", eine Art virtuelle Kopie. Sie gibt den Inhalt einer Seite auch dann noch wieder, wenn dieser auf der Ursprungsseite entfernt worden ist. Konkret bedeutet dies, dass der Inhalt immer auch dort getilgt werden muss, was allerdings erst möglich ist, wenn er von der Originalseite verschwunden ist. (Google informiert z.B. unter www.

google.com/support/webmasters/bin/hl=de&answer=164734, was zu tun ist, wenn ein User eine Seite oder einen Webauftritt aus den Suchergebnissen von Google entfernt haben möchte.)

■ Service: Seiten, die die Sicherheit im Netz erhöhen

- www.surfer-haben-rechte.de: Eine Seite des Bundesverbandes der Verbraucherzentralen (vzbv), die über Verbraucherrecht im Internet informiert.
- www.bsi-fuer-buerger.de: Hier informiert das Bundesamt für Sicherheit über Schutzmaßnahmen im Netz.
- www.ausgestiegen.com: Anleitung zum Ausstieg aus sozialen Netzwerken, die von einem Verein in Österreich betrieben wird. Nutzer können sich entscheiden, welches Netzwerk sie verlassen wollen – und ob sie ganz aussteigen oder nur mal pausieren möchten.

Lässt sich der schädliche Inhalt nicht aus dem Web löschen oder handelt es sich um eine andere, tatsächlich existierende Person, die Ihrem Image schadet, hilft nur eines: Sie müssen den Negativtreffern der Suchmaschinen positive entgegenhalten. Die meisten Personalchefs oder Headhunter machen sich nicht die Mühe, mehr als die ersten drei Trefferseiten durchzusehen.

In der Fachsprache heißt dies Suchmaschinenoptimierung und funktioniert nicht anders, als oben bereits beschrieben: durch möglichst viele Einträge in Onlinecommunitys, eine eigene Website mit interessantem Inhalt, qualitativ hochwertige Blogbeiträge usw. Entscheidend ist auch hier die Qualität der Aussagen, wie Roland Panter, Experte für Webkommunikation, erläutert: „Bei jeder Diskussion mitzuschwadronieren, bringt nichts, doch wer sich regelmäßig in Fachforen äußert, stellt damit gleichzeitig seine Kompetenz unter Beweis." Dabei darf auf andere interessante Inhalte und Websites verwiesen werden, was einerseits umfassendes Interesse beweist und andererseits den positiven Zweiteffekt möglicher Rückverlinkungen hat.

Entscheidend für die Positionierung bei Google und anderen Suchmaschinen sind die Frequenz der Beiträge und die Anzahl der Verlinkungen. Unter diesem Aspekt kann es sinnvoll sein, sich auf dafür ausgelegten Seiten sogenannte Favoritenlisten anzulegen. Hinterlegen Sie etwa beim Online-Buchhändler Amazon (www.amazon.de) eine Wunschliste oder bei Del.icio.us (www.del.icio.us) eine Auflistung bevorzugter Homepages, zeigt dies durchaus Wirkung, auch wenn der Zusammenhang irrelevant erscheinen mag.

> **Tipp:** Um sich von Namensvettern abzugrenzen, kann es sinnvoll sein, sich in sogenannten Reputationsnetzwerken wie „myON-ID" oder „Yasni" einzutragen. Diese bieten die Möglichkeit, sich aktiv von anderen zu distanzieren und eigene Inhalte zusammenzuführen.

Wer sich all dies nicht allein zutraut, kann natürlich auch fürs Personal Branding professionelle Hilfe in Anspruch nehmen. Es gibt inzwischen einige Agenturen, die sich auf das Aufpolieren beschädigter Webkarrieren spezialisiert haben und leicht online zu finden sind.

■   Service: **Effektives Selbstmarketing: persönliche Tipps von Karriereexperten**

„Der wichtigste Schritt beim Selbstmarketing ist zunächst einmal, ein Gespür für die eigene Persönlichkeit zu entwickeln. Was treibt mich, welches Ziel will ich erreichen? Was für ein Typ bin ich? Dann können Sie auch gezielt nach Unternehmen suchen, in die Sie passen und in denen Sie Erfolg haben werden."

Horst Kaltenbach, Karriere- und Managementberater

„Recherchieren Sie aktiv Menschen in Positionen, die Sie interessieren, beispielsweise über Online-Netzwerke. Sprechen Sie diese Personen an und zeigen Sie Interesse für ihre Tätigkeit. So bringt man sich ins Gespräch."

Barbara Ahrens, Management- und Karriereberaterin

„Viele von uns haben gelernt, dass man sich selbst nicht loben darf. Machen Sie sich bewusst, dass es da eine Sperre gibt, die überwunden werden muss. Selbstmarketing wirkt dann am besten, wenn es kontinuierlich stattfindet. Lassen Sie andere wissen, was Sie tun, berichten Sie, wenn ein Projekt abgeschlossen wurde und mit welchem Ergebnis. Erzählen Sie anderen, wenn Sie Lob erhalten haben … usw.

Erinnern Sie sich selbst immer wieder daran, dass man auch über die eigene Leistung berichten darf. So etwas kann man auch üben."
Adelheit Wurzer, Gründerin und Geschäftsführerin
der Coach.net GmbH

„Erfolgreiches Selbstmarketing läuft am besten über das persönliche Netzwerk. Wichtig ist aber, dass Sie dieses kontinuierlich pflegen. Top-Kräfte werden nicht über Anzeigen gesucht."
Marcel Derakhchan, Geschäftsführender Gesellschafter
der Personalberatung LAB Lachner Aden Beyer & Company

„Aus meiner Sicht ist Authentizität das entscheidende Element in Sachen Selbstmarketing. Wer gekünstelt oder nicht stimmig wirkt, erweckt Zweifel. Wenn Sie groß auftreten und dann nicht halten, was Sie versprechen, werden Sie sich auf Dauer nicht oben halten können."
Doris Brenner, Karriereberaterin und Vorstandsmitglied
der Deutschen Gesellschaft für Karriereberatung

„Erfolgreich im herkömmlichen Sinne werden in der Regel Personen, die simple psychologische Regeln kennen und befolgen."
Madeleine Leitner, Wirtschaftspsychologin und Buchautorin

2. Es liegt was in der Luft …

Warnzeichen erkennen, richtig und rechtzeitig (re)agieren

Im ersten Kapitel ging es darum, eine mögliche Trennung vom bisherigen Arbeitgeber gedanklich gut vorzubereiten. In diesem Kapitel werden wir die nächsten Schritte konkret beleuchten.

Angenommen, Ihrem Arbeitgeber geht es schlecht. Der Druck auf einzelne oder mehrere Mitarbeiter – vielleicht sogar auf Sie selbst – steigt. Kündigungen liegen in der Luft oder sogar schon auf dem Tisch von Kollegen. Wie reagieren Sie als Arbeitnehmer jetzt am besten? Diese Frage soll im ersten Abschnitt behandelt werden. Weiterbeschäftigung ist in solchen Fällen eher selten das Ziel. Vielmehr geht es darum, die rechtlichen Mittel auszuschöpfen – und auch schwierige Ausgangslagen im Sinne der eigenen Karriere umzuwidmen. Der zweite Abschnitt befasst sich dann mit der Frage, was Sie tun können, wenn Sie selbst die Kündigung schon in Händen halten und/oder Ihr Arbeitgeber Insolvenz angemeldet hat.

Grundsätzlich gilt: In Krisenzeiten werden die Waffen härter, darin sind sich Arbeitsmarktexperten wie Arbeitsrechtler einig. Das bedeutet: Um den Kündigungsschutz zu umgehen, wird oft mit unlauteren Mitteln gekämpft. „Ich beobachte deutlich eine steigende Fallzahl systematischer Schikanen", gab der Münchner Fachanwalt für Arbeitsrecht Gerhard Rieger im Herbst 2009 gegenüber „Zeit online" zu Protokoll. Zur selben Zeit tauchten zunehmend Fälle in der Presse auf, bei denen langjährige Mitarbeiter aus nichtig anmutenden Gründen gekündigt wurden. Eine Sekretärin, über 20 Jahre im Betrieb, musste gehen, weil sie eine Frikadelle aß, eine Altenpflegerin, weil sie ein paar Maultaschen mit nach Hause nahm.

Erstaunlich ist, dass in dieser Situation viele Arbeitnehmer die gleichen – einander eigentlich widersprechenden – Reaktionen zeigen.

1. **Sie erleben zunehmend Stress und Druck.** Rund 18 Prozent der Arbeitnehmer verarbeiten auch nachts noch ihren Arbeitsalltag, elf Prozent können nicht ruhig schlafen, weil sie Angst vor einem

Jobverlust haben, so das Ergebnis einer Umfrage des Stellenbörsenbetreibers Monster, an der rund 36.000 Arbeitnehmer teilgenommen haben.

2. **Sie verharren aber trotzdem in dieser Situation, sprich: am Arbeitsplatz.** „Trotz der wachsenden Angst vor Entlassungen verhalten sich viele Betroffene wie das Kaninchen vor der Schlange", beschreibt Marcel Derakhchan, Managing Partner bei der Münchner Personalberatung Lachner Aden Bayer & Company (LAB), die Situation. „Sie geraten in Schockstarre." Seine Einschätzung belegt er mit Zahlen aus dem eigenen Hause. Seit ein paar Jahren untersucht LAB die Wechselbereitschaft von Managern. Das Ergebnis war Mitte 2009, also auf dem Höhepunkt der Wirtschaftskrise, eindeutig: Im Vergleich zum Vorjahr war sie von 63,2 Prozent auf 49 Prozent gesunken.

Verstehen kann Derakhchan das genauso wenig wie sein Stuttgarter Kollege Michael Heidelberger. „Sehr oft basiert die Starre auf einem Selbstbetrug", so dessen Einschätzung. Man sieht zwar, dass die Einschläge näher kommen, beharrt aber ganz fest auf der Ansicht, dass man selbst nicht betroffen sei. „Manche bleiben so lange auf ihrem Stuhl sitzen, bis er ihnen unter dem Hintern weggezogen wird." Dabei sind die vermeintlichen Sicherheiten trügerisch. So trösten sich viele mit dem Argument, dass es Tricks gebe, Leistungsträger im Unternehmen zu halten. „Doch wissen Sie genau, dass Sie als Leistungsträger gesehen werden und dazugehören?", fragt Heidelberger provokativ. Selbst wenn das heute so ist – im nächsten Quartal kann die Situation schon ganz anders aussehen. Sogar die berühmte Sozialauswahl, die viele als Schutzschild betrachten, kann im Einzelfall mehr schaden als nützen.

Gerade in Krisenzeiten ist es wichtig, auf der Hut zu sein und die Warnsignale, wie im Folgenden beschrieben, ernst zu nehmen und zeitnah aktiv zu werden. Insbesondere, wenn Sie in einer angezählten Branche oder in einem krisengeschüttelten Unternehmen arbeiten, sollten Sie vor der Welle reiten. Hat sich erst einmal herumgesprochen, dass in einem Unternehmen in großem Stil Personal abgebaut wird, werden Bewerbungen aus dieser Ecke zunehmend skeptisch betrachtet. Hintergrund ist zwar ein Klischee, dass nämlich Topkräfte zu diesem Zeitpunkt längst abgewandert sind. Es stimmt zumeist nicht. Aber das nützt Ihnen im Zweifel wenig. Also aufgepasst!

Warum Sie jeden Warnschuss ernst nehmen sollten

Achtung, angezählt:
Was Ihnen eine Abmahnung sagen muss

Schon der erste Schock saß tief. Völlig unerwartet erhielt Robert Sadler*, Gruppenleiter im Customer-Care-Management einer Hamburger Bank, Anfang 2009 eine Abmahnung. Begründung: Er habe Firmengeheimnisse ausgeplaudert. Weil er sich nach fester Überzeugung jedoch nichts hatte zuschulden kommen lassen, nahm er sich einen Anwalt. Zunächst mit Erfolg. Im ersten gemeinsamen Gespräch knickte der Arbeitgeber ein und nahm die Abmahnung zurück. Die Freude währte allerdings nur kurz. Vier Wochen später hielt Sadler die nächste Abmahnung in Händen – dieses Mal wegen angeblicher Fehler in der Spesenabrechnung …

So wie Sadler geht es vielen, die sich plötzlich mit einer Abmahnung konfrontiert sehen. Zunächst gehen sie von einem Missverständnis aus. Sadler war sich zudem sicher, dass seine Personalakte nach der Einigung wieder fleckenfrei war. Doch das ist nur eine oberflächliche Betrachtung. Tatsächlich hätte Sadler gut daran getan, schon nach dem ersten Warnschuss Kapitel 1 dieses Buches zu studieren. Offizielle Zahlen gibt es zwar nicht, doch Martin Hensche, Fachanwalt für Arbeitsrecht in Berlin, erläutert: „In der Praxis ist eindeutig erkennbar, dass Abmahnungen oft in Situationen ausgesprochen werden, in denen ein Unternehmen wirtschaftlich darbt."

So auch in Sadlers Fall. Heute, mit dem nötigen Abstand, ist dem inzwischen geschassten Banker klar, was der falsche Vorwurf sollte. Schon Wochen zuvor hatte es in der Abteilung zu rumoren begonnen. Zeitverträge wurden nicht verlängert, einigen Kollegen Abfindungen in Aussicht gestellt, wenn sie freiwillig gehen. „Eigentlich war das Signal eindeutig, die Zahlen waren schlecht und die wollten mich loswerden." Allerdings hatte er es geflissentlich überhört.

Jurist Hensche teilt Sadlers Resümee: „Durch falsche oder zumindest strittige Abmahnungen will sich das Unternehmen einfach weitere Optionen eröffnen." Und das, obwohl das Instrument vom juristischen Grundsatz eigentlich ganz anders gedacht ist, nämlich als Chance für den Arbeitnehmer, Fehler zu erkennen und zu verbessern.

■ Service: Rechtliche Informationen zur Abmahnung

- Vom Grundsatz her dient die Abmahnung dem Versuch einer Reparatur.
- Sie muss vor allen verhaltensbedingten Kündigungen ausgesprochen werden. Ausnahmen gibt es nur, wenn die Pflichtverletzung extrem ist – und der Arbeitnehmer dies erkennen konnte.
- Mit der Abmahnung wird der Mitarbeiter auf sein Fehlverhalten hingewiesen und soll so die Chance erhalten, sich zu bessern.
- Damit sie wirksam ist, muss eine Abmahnung konkret benennen, welches Verhalten beanstandet wird und worin die Pflichtverletzung liegt.
- Außerdem muss sie für den Wiederholungsfall „arbeitsrechtliche Konsequenzen bis zur Kündigung" androhen.
- Für die Erteilung einer Abmahnung gibt es keine Frist, sie kann also theoretisch auch nach Monaten oder Jahren noch ausgesprochen werden.
- Eine berechtigte Abmahnung (also eine nichtangefochtene oder vor Gericht bestätigte) darf zur Personalakte genommen werden.
- Eine unberechtigte Abmahnung wird daraus entfernt.

Das Problem: Auch wenn die Sachlage auf den ersten Blick ziemlich eindeutig erscheint, Betroffene haben zumeist wenig Handlungsspielraum – und dies umso weniger, wenn wie im Fall von Heide Maurer* auch ganz objektiv ein Fehlverhalten vorliegt.

Die Münchner Sekretärin kam mehrfach zu spät zur Arbeit. Schuld waren Verspätungen der S-Bahn. Der letzte, die Abmahnung auslösende Vorfall war tags darauf sogar in der Lokalpresse zu lesen. Ihr Arbeitgeber jedoch akzeptierte diese Entschuldigung nicht. Sein Argument: Da es auf der Strecke häufiger Probleme gibt, hätte sie entsprechend früher losfahren müssen. Selbst dass beim letzten Ausfall gleich mehrere Kollegen dieselbe S-Bahn benutzt hatten und ebenfalls früher schon öfter zu spät gekommen und nicht verwarnt worden waren, nützte ihr nichts.

„Es gibt keinen Anspruch auf Gleichbehandlung im Unrecht", erläutert Hensche. Im Streitfall wird jeder Vorfall für sich überprüft. Wer einen Missbrauch des Abmahnrechts nachweisen will, benötigt sehr gute Argumente. Die Aussage von Kollegen, dass der Chef Frau Maurer seit Langem auf dem Kieker habe, beeindruckte das Gericht nicht.

Dass die Rechtsprechung in Sachen Abmahnung tendenziell dazu neigt, den Arbeitgebern recht zu geben, heißt aber im Umkehrschluss nicht, dass die so Gerügten untätig bleiben sollten. „Eine Abmahnung ist immer ein Schuss vor den Bug", stellt Jurist Sebastian Müller von „die Führungskräfte e.V." klar. Wenn Sie eine Abmahnung erhalten, müssen Sie sie sehr ernst nehmen und sich mit dem dahinter stehenden Vorfall auseinandersetzen. Dies ist umso wichtiger, wenn sich noch keine Alternativen auftun. Aussitzen oder ignorieren ist die falsche Strategie, denn anders, als viele Arbeitnehmer glauben, reicht es, einmal angezählt zu werden. Lassen Sie sich das gleiche Fehlverhalten erneut zuschulden kommen, liegt die Kündigung auf dem Tisch.

Lückenlos aufklären

Das bedeutet: Um Schlimmeres zu vermeiden, müssen Sie sofort nach Erhalt einer vermeintlich unberechtigten Abmahnung Beweise für die eigene Version des Vorfalls sammeln. Kopieren Sie relevante Unterlagen, klären Sie die Sachlage mit Kollegen – sofern diese etwas dazu sagen können. Im zweiten Schritt gilt es dann, die gesammelten Fakten schriftlich festzuhalten. Sind Sie danach sicher, im Recht zu sein, gibt es zwei Möglichkeiten:

1. Sie können die Rücknahme der Abmahnung fordern.
2. Sie können in Duckstellung gehen.

Welche Möglichkeit Sie wählen, hängt von Ihrer eigenen Mentalität ab. Robert Sadler wollte die Sache auch offiziell vom Tisch haben, forderte die Rücknahme der Abmahnung – und hatte damit zunächst Erfolg. Dieses Vorgehen ist dennoch nicht in jedem Fall anzuraten – und zwar aus einem einfachen Grund: Ist eine Abmahnung rechtlich unwirksam, ist sie dies auch dann, wenn der Arbeitnehmer ihr nicht offiziell widerspricht. Wird dann später aufgrund dieser Abmahnung eine Kündigung ausgesprochen, ist auch diese nicht gültig. Der Arbeitnehmer gewinnt also nichts, wenn er frühzeitig die Fakten auf den Tisch legt. Wer also nicht darauf besteht, sofort recht zu bekommen, kann erst einmal abducken und gute Miene zum bösen Spiel machen. Ein Rat, der auch dann gilt, wenn eine Abmahnung aus formalen Gründen unwirksam ist, was gar nicht so selten vorkommt.

Wenn Sie sich jedoch besser fühlen, wenn Sie Ihre Sicht der Dinge darstellen können, auch darin sind sich die meisten Experten einig, dann sollten Sie das auch tun. In diesem Fall müssen Sie aber auch dafür sorgen, dass der Widerspruch – wie die Abmahnung selbst – der Personalakte beigelegt wird. Manchmal hilft ein solcher Widerspruch auch, sich mit dem Arbeitgeber auf eine Frist zu einigen, nach der die Abmahnung der Personalakte wieder entnommen wird. Einen Rechtsanspruch, dass dies nach einer angemessenen Frist zu geschehen hat, gibt es allerdings nicht.

Entscheidend ist, dass nach einer Abmahnung nicht der formale Kampf ums Recht im Vordergrund stehen sollte, genauso wenig wie business as usual, sondern die Neuorientierung. Nehmen Sie die Abmahnung als das, was sie ist: eine Kampfansage. Räumen Sie Ihren Schreibtisch, bevor es ernst wird.

Klagen hilft nicht

Von einem Schritt raten zudem alle Experten ab: Im Streit um die Abmahnung bis zur Klage zu gehen, d.h. die Rücknahme im Zweifel vor Gericht einzufordern. Denn egal, wie das Verfahren ausgeht: Als Arbeitnehmer könne man nicht wirklich gewinnen, finden Hensche und Müller. Selbst wenn Sie recht bekämen. Wer einen Prozess gegen seine Vorgesetzten geführt hat, kann hinterher kaum zur Tagesordnung übergehen. Die Erfahrung der Juristen zeigt, dass gerade dann nach neuen Abmahnungsgründen gesucht wird – wie der Fall Sadler gezeigt hat. Wenn der Arbeitgeber aus formalen Gründen verloren hat, kann er sogar denselben Vorfall erneut rügen – dann rechtlich korrekt.

Und noch dramatischer wird es, wenn – wie im Fall Maurer – der Arbeitnehmer selbst verliert. Dann hat nämlich ein Gericht bestätigt, dass ein Fehlverhalten vorliegt. Jetzt reicht das nächste Zuspätkommen für die Kündigung. „Denn", so drückt es Hensche aus, „alles Pulver ist bereits verschossen."

Der Druck steigt. Vorsicht, Mobbing

Eine unberechtigte Abmahnung? Darüber kann Gabriele Metzger*, studierte Betriebswirtin, nur lachen. Ihr Leidensweg zog sich über Monate hin. Ständige Versetzungen, Schreiattacken von Vorgesetzten, öffentliche Bloßstellungen und am Ende sogar manipulierte Gehaltsabrechnungen waren nur die Spitzen des Eisberges. Auch gekündigt wurde ihr – gleich mehrfach sogar. Mit und ohne Abmahnung, außerordentlich mit sofortiger Wirkung und gleichzeitig ordentlich. Für alle Fälle.

Auch Gabriele Metzger ist kein Einzelfall. Oft sind es nicht nur unberechtigte Abmahnungen, mit denen Arbeitgeber Mitarbeiter loswerden wollen, sondern regelrechte Mobbingattacken. Vor allem in Zeiten oder Situationen, in denen Stress und Angst am Arbeitsplatz zunehmen, wird auch der Psychoterror am Arbeitsplatz heftiger. Das belegt unter anderem der Mobbing-Report 2002 der Bundesanstalt für Arbeitsschutz und Arbeitsmedizin (BAuA). Er belegt, dass damals in der Gesundheitsbranche und im sozialen Bereich ein dreimal höheres Risiko herrschte, zum Mobbingopfer zu werden, als in anderen Bereichen. Und beide betroffenen Branchen standen zu diesem Zeitpunkt unter enormem Kostendruck und bauten großflächig Personal ab. Andere Studien kommen zu ähnlichen Ergebnissen. Ende 2009, wen wundert's, häuften sich die Fälle im Bankenbereich.

Dass Mobbing gerade in schwierigen Zeiten häufiger eskaliert, liegt unter anderem daran, dass oft Führungskräfte zu Tätern werden. Das ist zwar in der Öffentlichkeit wenig bekannt, wird in Studien jedoch immer wieder bestätigt. Bärbel Meschkutat von der Sozialforschungsstelle Dortmund befasst sich seit Jahren mit der Thematik und erläutert: „In 40 Prozent aller dokumentierten Mobbingfälle agieren Führungskräfte allein, in weiteren zehn spannen sie zusätzlich Teile des Teams mit ein." Der Hintergrund dabei ist zumeist schlicht: mangelnde Kompetenz. Dies erklärt die Zunahme in Krisenzeiten: Wenn der Druck von außen steigt, wirken sich Führungsschwäche und mangelnde Konfliktfähigkeit noch dramatischer aus. Da kann es schnell passieren, dass die Vorgabe, Kosten einzusparen, einfach auf einen oder auch mehrere Mitarbeiter abgeladen wird.

Ob dahinter eine Absicht steckt oder nicht, darüber lässt sich im Einzelfall streiten: Gabriele Metzgers Martyrium jedenfalls begann, als bei ihrem Arbeitgeber, einem großen Telekommunikationsunternehmen, Umstrukturierungen anstanden. Statistisch belegen lässt sich ein solcher Vorsatz nicht. „Wer würde so etwas auch zugeben?", fragt Johannes Schultze, Arbeitsplatzkonfliktberater in München und Mitglied im Verein gegen psychosozialen Stress und Mobbing (VPSM). Aber er fügt hinzu: „Die Vermutung liegt dennoch nahe."

Und wie das dann aussehen kann, zeigt auch der Fall von Johannes Schnell*:

> Der Mitarbeiter einer Frankfurter Bank ist sich sicher, dass er ganz bewusst als Opfer ausgesucht wurde. Schon Wochen vor Beginn der Schikanen waren sein Vorgesetzter und er nicht immer einer Meinung gewesen. Schließlich bat ihn dieser zu einem Gespräch. Die Zeiten würden schlimm, deutete er an, die Arbeitsbelastung werde massiv steigen und er (Schnell) wisse ja, „nicht alle Kollegen können so etwas aushalten". Und natürlich hatte er auch einen Ausweg parat, „der beiden Seiten entgegenkommt": Johannes Schnell solle von sich aus kündigen und so das Gesicht wahren. Andernfalls werde er so mit Arbeit überhäuft, „dass Fehler unvermeidlich sind".

Immer schnell parieren

Was heißt das für Sie, wenn Sie zu den Betroffenen gehören? Entscheidend, erläutert Fachmann Schultze, ist es in jedem Fall, richtig zu reagieren. Und richtig heißt in allen Mobbingsituationen vor allem schnell. Viele Opfer wollen den Ernst der Lage anfangs nicht wahrhaben, dabei ist es ganz wichtig, sofort aktiv zu werden. Im ersten Schritt bedeutet dies, das direkte Gespräch zu suchen und den oder die Täter mit dem Sachverhalt zu konfrontieren. Im zweiten Schritt heißt es, das Schweigen zu brechen, nämlich Kollegen und Betriebsrat zu informieren und zeitgleich auch Beweise zu sammeln. Wer später mit dem Mobbingvorwurf vor Gericht geht, muss nachweisen können, dass die Schikanen gezielt und über einen längeren Zeitraum erfolgt sind. Sonst hat er keine Chance.

Johannes Schnell wandte sich gleich am nächsten Tag sowohl an die Personalabteilung als auch an den Betriebsrat und forderte ein Gespräch zu viert ein. Dann machte er die Attacke unter den Mitarbeitern öffentlich und begab sich gleichzeitig verdeckt auf Jobsuche. Eine gute Reaktion, denn je mehr Leute intern Bescheid wissen, umso einfacher lassen sich Eskalationen vermeiden. Außerdem gelingt so auch ein einigermaßen unbelasteter Absprung. Wer später nur noch damit befasst ist, die eigene Reputation wiederherzustellen, kann sich oft gar nicht mehr unbefangen bewerben.

Gabriele Metzger hat diesen Zeitpunkt verpasst – mit drastischen Folgen. Denn schließlich geriet sie so unter Druck, dass sie tatsächlich auch die Fehler machte, die ihr schon Wochen zuvor vorgeworfen worden waren. Damit lieferte sie ihren Peinigern die fehlenden Beweise und wurde selbst immer unsicherer. Im Oktober 2009 wurde sie krankgeschrieben. Ein Jahr später, als der Prozess lief, bei dem sie sich mit ihrem Arbeitgeber auf einen Aufhebungsvertrag einigte, ging es ihr noch immer so schlecht, dass sie sich nicht mehr vorstellen konnte, jemals wieder zu arbeiten. Dabei war sie gerade Mitte 40.

Tipp: Auch wenn Sie selbst nicht gemobbt werden, seien Sie gerade in angespannten Situationen ein genauer Beobachter. Sind Sie sicher, dass nicht Sie daran beteiligt sind, andere unter Stress zu setzen? Dies ist nämlich ein Phänomen, das in der Krise zunimmt, getreu dem Motto: Wenn es andere trifft, geht der Kelch an mir vorüber. Aber das ist eine Illusion: Auch wenn andere gemobbt werden, ist es höchste Zeit zu gehen …

Vom Plan, der oft nicht hilft: die Tücken des Sozialplans

Zu den beliebtesten Ruhekissen, auf denen es sich gefährdete Arbeitnehmer gerne bequem machen, gehört der Sozialplan. Oder genauer gesagt, das Vorhandensein eines Betriebsrates. Selbst wenn klar ist, dass es Entlassungen geben wird, fühlen sich große Gruppen von Arbeitnehmern nicht angesprochen. Dass dies eine trügerische Hoffnung sein kann, erlebte Peter Bertrand*:

> Über Monate kämpfte Bertrands Arbeitgeber, ein schwer angeschlagener IT-Dienstleister, ums Überleben. Dann sickerte durch, dass man sich von mehreren Standorten trennen müsse. Das einzig Positive daran: Laut Ankündigung des Betriebsrates sollte es „einen umfangreichen Sozialplan" geben. Bertrand hoffte daher, dass es für ihn damit vielleicht nicht ganz so schlimm kommen würde. Schließlich war er Alleinverdiener, Vater von zwei Kindern und nicht mehr der Jüngste.

> Drei Tage später jedoch hielt auch der Infrastrukturexperte seine Kündigung in Händen. Und schlimmer noch: Als er damit sofort einen Anwalt aufsuchte, machte der ihm wenig Hoffnung – gerade wegen des bestehenden Sozialplans. Bertrand: „Dabei dachte ich immer, wenn es um Kündigungen geht, ist ein Sozialplan etwas Gutes."

Theoretisch stimmt das, wie Jörn Diers, Leiter der Abteilung Mitbestimmung bei der Arbeitnehmerkammer Bremen, betont: „Der Sozialplan dient zur Milderung von wirtschaftlichen Nachteilen des Arbeitnehmers." Damit er zur Anwendung kommt, müssen zwei Dinge gegeben sein:

- Der Arbeitgeber muss eine Betriebsänderung planen, beispielsweise die Zusammenlegung von Abteilungen, die Ausgliederung bestimmter Arbeiten oder auch die Stilllegung eines Standortes.
- In dem betroffenen Unternehmen muss es einen Betriebsrat geben.

Ist dies der Fall, führen beide Parteien zunächst den Interessenausgleich durch, auf dessen Grundlage mögliche Kündigungen erfolgen, und erstellen dann gemeinsamen den Sozialplan.

Neben der Regelung über die Auswahlkriterien bezüglich der zu entlassenden Beschäftigten finden sich darin oft auch Vereinbarungen über Abfindungszahlungen oder sonstige Sozialleistungen. Auch Fortbildungen, Umschulungen oder Unterstützungsmaßnahmen bei der Arbeitsuche können per Sozialplan geregelt werden. Insofern, stellt Diers klar, sei die Absicht in der Tat zunächst einmal positiv zu bewerten – gerade aus Arbeitnehmersicht.

Dennoch kann ein Sozialplan für die Belegschaft oder Teile davon negative Folgen haben. Unter anderem liegt das daran, dass es weder verbindliche Vorgaben darüber gibt, was geregelt werden muss, noch zwingende Kriterien für den Fall existieren, dass Entlassungen anhand einer Auswahlliste vorgenommen werden. Zwar werden meist ähnliche Punkte berücksichtigt wie Lebensalter, Betriebszugehörigkeit, Umfang von Unterhaltspflichten oder gesundheitliche Beeinträchtigungen, doch wie diese gewichtet werden, bleibt den Verhandlungspartnern überlassen.

In Bertrands Fall legten Arbeitgeber und Betriebsrat den Fokus auf die Dauer der Betriebszugehörigkeit, für ihn ein negatives Kriterium, da er erst seit eineinhalb Jahren dabei war. Darüber hinaus wurden verschiedene Spezialisten komplett aus der Liste herausgenommen. Ebenfalls ein erlaubtes Vorgehen, wenn Einzelpersonen oder auch Gruppen für den Fortbestand des Unternehmens wichtig sind. Allein aus der Tatsache, dass es Interessenausgleich und Sozialplan gibt, lassen sich also noch keine Schlüsse für den Einzelnen ziehen. Ob und wie Sie als Arbeitnehmer betroffen sind, erfahren Sie in der Regel erst, wenn die Kündigung auf dem Tisch liegt.

Widerspruch nicht möglich

Problematisch ist darüber hinaus, dass ein einmal erstellter Sozialplan den gleichen Status wie eine Betriebsvereinbarung hat. Der Einzelne hat keine Widerspruchsmöglichkeit, auch nicht beim Betriebsrat. Zwar ist es, wie bei allen Kündigungen, grundsätzlich möglich, Kündigungsschutzklage einzureichen (wenn der Betrieb mehr als zehn Beschäftigte hat). Eine solche Klage hat jedoch weit weniger Aussicht auf Erfolg als bei normalen, betriebsbedingten Kündigungen. Die Gerichte gehen davon aus, dass die aufgrund von Interessenausgleich und Sozialplan getroffene Auswahl auch tatsächlich sozial gerecht ist (Vermutungswirkung, § 1 Abs. 5 KSchG). Klagen Sie trotzdem, müssen Sie als Arbeitnehmer das Gegenteil beweisen.

Dabei kommt es in der Praxis durchaus vor, dass es bei der Sozialauswahl nicht gerecht zugeht. Je kleiner ein Betrieb ist, umso mehr menschliche Beziehungen können eine Rolle spielen. Schließlich ist der Betriebsrat selbst Teil der Belegschaft, vielleicht sogar mit einigen Kollegen befreundet und kann mit dem einen besser als mit dem anderen. Entsprechend agiert er.

Hinzu kommt, dass die Inanspruchnahme von Abfindungen oft an den Verzicht der Kündigungsschutzklage geknüpft ist und einzelne Arbeitnehmer keine vom Sozialplan abweichenden Regelungen mit dem Arbeitgeber treffen dürfen. Der Betriebsrat muss zustimmen – und macht dies keinesfalls immer. Auch dies hat einen ursprünglich positiven Hintergrund und soll den Arbeitnehmer schützen. Dadurch soll verhindert werden, dass Arbeitgeber Druck auf einzelne Arbeitnehmer ausüben und vereinbarte Leistungen aushöhlen. Trotzdem kann sich das im Einzelfall negativ auswirken.

Was heißt das für die Betroffenen? Ganz wichtig: Wenn Sie von einem Sozialplan betroffen sind, lassen Sie sich grundsätzlich rechtlich beraten. Dies geht sowohl bei den Gewerkschaften als auch bei Anwälten. Dabei muss dann neben der konkreten eigenen Situation der Sozialplan insgesamt auch überprüft werden. Möglicherweise ist er ungültig. Gerade weil es sich um ein sehr formalistisches Verfahren handelt, sind Formfehler keine Seltenheit.

Außerdem kommt es auch immer wieder vor, dass Sozialpläne tatsächlich gar keine relevanten Ausgleichsleistungen für Arbeitnehmer enthalten, sondern nur dazu dienen, Kündigungen mit Hilfe der

Vermutungswirkung wasserfester zu machen. Auch in einem solchen Fall kann die Vereinbarung ungültig sein – und die darauf basierende Kündigung vorerst ebenfalls. Das ist zwar meistens nur ein Aufschub, kein endgültiger Sieg. „Aber", erlebt Diers immer wieder, „er schafft Luft für die Neuorientierung."

Kleiner Exkurs: Jobwechsel mit 50?

„Ich weiß, was ich kann, und ich weiß, was ich gerne tun würde. Vor allem aber weiß ich, dass das niemanden mehr interessiert." Michael Schaumann*, von dem dieser Satz stammt, ist bestens qualifiziert – und todunglücklich in seinem derzeitigen Job. Er hat auch durchaus wahrgenommen, dass es seinem Arbeitgeber momentan nicht gut geht. Dass er dennoch nicht über einen Wechsel nachdenkt, hat einen einfachen Grund: Michael Schaumann ist 53.

Seit Jahren wird hierzulande eine Diskussion um „ältere" Arbeitnehmer geführt, womit zumeist Beschäftigte ab 50, mitunter auch schon ab 40, gemeint sind. Und der Tenor, mit dem diese Diskussion geführt wird, klingt nicht gut.

Einerseits, so heißt es unisono, ist längst klar, dass die Geburtenrate sinkt, die Lebenserwartung steigt und wir es uns angesichts unserer strapazierten Sozialsysteme nicht leisten können, große Teile der arbeitenden Bevölkerung auszusortieren. In immer mehr Branchen fehlen bereits heute qualifizierte Fachkräfte. Der „war for talent" verschärft sich zusehends.

Auf der anderen Seite passiert in den Unternehmen wenig, um dieser Entwicklung Rechnung zu tragen. Immer noch sind es in schwierigen Situationen vor allem die älteren Arbeitnehmer, denen Druck gemacht wird, manchmal mit vermeintlich goldenen Brücken wie Abfindungen und Aufhebungsverträgen, manchmal, wie zuvor beschrieben, mit unlauteren Mitteln. Noch immer wird so gut wie gar nicht in die Weiterbildung älterer Leistungsträger investiert – mit dem Ergebnis, dass jeder dritte Arbeitnehmer (einer aktuellen Umfrage zufolge) bezweifelt, unter den derzeitigen Arbeitsbedingungen seine jetzige Tätigkeit bis zum Rentenalter ausüben zu können.

So verwundert es kaum, dass Betroffene wie Michael Schaumann in Bewegungsunfähigkeit verharren. Hilfreich ist dies aber dennoch nicht, schließlich haben 50-Jährige faktisch noch mindestens 15 Berufsjahre vor sich, bis sie ohne Einschränkungen in Rente gehen können. Wird das Rentenalter heraufgesetzt, werden es schnell noch mehr. Wer zudem damit rechnen muss, im Fall der Fälle als Erster auf der Straße zu stehen, sollte rechtzeitig agieren, findet nicht nur die Frankfurter Trainerin Monika Birkner, die sich darauf spezialisiert hat, gerade älteren Arbeitnehmern in Umbruchsituationen zu helfen. Ihre wichtigste Erkenntnis lautet: Oft sind es mentale Barrieren, die überwunden werden müssen. Wer sich selbst „alt" fühlt und die eigenen Fähigkeiten nicht sieht, kann sie nicht verkaufen. Noch mehr als bei jüngeren Arbeitnehmern ist es bei den sogenannten alten Hasen daher wichtig, eine umfassende Standortbestimmung mit Stärken- und Schwächenanalyse zu machen.

> **Tipp:** Inzwischen gibt es verschiedene Initiativen, die sich die Thematik auf ihre Fahnen geschrieben haben. Hierzu gehört die Initiative 50plus, mit der die Bundesregierung (www.bundesregierung.de) die Chancen älterer Arbeitnehmer verbessern will. Sie legt ihren Schwerpunkt auf Weiterbildung. Außerdem gibt es den Bundesverband 50plus, eine private Organisation, die sich zum Ziel gesetzt hat, die Interessen der über 50-Jährigen auf allen Gebieten zu vertreten. Auch sie befasst sich mit der beruflichen Situation. Infos unter www.bundesverband50plus.de

Den größten Unterschied bei der Jobsuche macht die Art der Bewerbung. Traditionelle Wege sind in der Regel wenig Erfolg versprechend. Wer sich mit klassischer beziehungsweise elektronischer Bewerbungsmappe oder über ein Bewerbermanagementsystem bewirbt, läuft schnell Gefahr, allein anhand des Geburtsdatums aussortiert zu werden. Deutlich hilfreicher sind Jobmessen (siehe auch Kapitel 3, Seite 113), auf denen man kraft seiner Person überzeugen kann. Mittlerweile gibt es sogar Anbieter, die sich auf ältere Spezialisten fokussieren, etwa den Veranstalter job40plus (www.job40plus.de), der darüber hinaus sowohl auf XING (https://www.xing.com/net/prifc0a78x/job40plus/) als auf LinkedIn (http://www.linkedin.com/groups?home=&gid=2741473&trk=anet_ug_hm) Diskussionsgruppen unterhält, in denen sich Betroffene und Personaler austauschen können. Networking ist am effektivsten. Je höher das Lebensalter, umso höher auch die Wahrscheinlichkeit, dass der Jobwechsel mit Hilfe eines guten Netzwerkes gelingt.

■ Service: Warum ältere Arbeitnehmer eine gute Wahl sind – eine Argumentationshilfe

Wichtig für den Veränderungsprozess ist, dass man selbst von seinen Qualitäten überzeugt ist. Nur dann kann man sie verkaufen. Außerdem haben ältere Mitarbeiter viele Vorteile:

- Sie sind gefestigter. Wenn sie sich zu einem Wechsel entschließen, dann geschieht das wohlüberlegt. Karrierepläne (und damit Arbeitgeberwechsel) stehen nicht mehr so im Vordergrund. Ein neuer Arbeitgeber kann davon ausgehen, dass die Verweildauer deutlich länger ist und er nicht schon bald wieder einen Neuen einarbeiten muss.
- Lange Berufserfahrung macht souveräner.
- Ältere Kollegen verfügen in der Regel über ein größeres Kontaktnetz und sind eher bereit, es im Sinne des Unternehmens einzusetzen.
- Laut neuer Studien sind ältere Arbeitnehmer nicht häufiger, sondern seltener krank. Dies liegt vor allem am größeren Pflichtbewusstsein.

Die Bombe ist geplatzt – was Sie zum Thema Kündigung wissen müssen

Bislang waren es Drohgebärden, mit denen wir uns befasst haben. Stehen sie im Raum, ist die Lage ernst, aber es bleibt meist noch genügend Zeit zum Handeln. Jetzt wird es drastischer. Sie haben eine Kündigung erhalten. Damit ist klar, dass Sie handeln und sich nach neuen Ufern umsehen müssen. Dennoch heißt dies natürlich nicht, dass Sie jede Kündigung klaglos akzeptieren müssen – zumal wir gesehen haben, dass manches vermeintlich gute Angebot einen Pferdefuß haben kann. Wichtig ist es, Zeit und/oder Geld herauszuschlagen. Welche Rechtsgrundlagen es hierfür gibt, zeigen die folgenden Abschnitte auf. Wir konzentrieren uns im Wesentlichen auf die ordentliche Kündigung und behandeln nur in einem kleinen Exkurs den Sonderfall der fristlosen Kündigung.

Rechtliche Grundlagen der Kündigung und Handlungsmöglichkeiten

Kündigt der Arbeitgeber, müssen zunächst die gesetzlichen Fristen eingehalten werden. Darüber hinaus sind die Waffen der Arbeitnehmer nicht stumpf. Nach deutschem Recht sind zahlreiche Vorschriften zu beachten, insbesondere der Kündigungsschutz, der immer dann greift, wenn ein Arbeitnehmer länger als sechs Monate in einem Betrieb beschäftigt ist und dieser Betrieb mehr als fünf Angestellte hat. (Achtung: Für Arbeitnehmer, die ab 2004 eingestellt wurden, greift der Kündigungsschutz erst in Betrieben mit mehr als zehn Mitarbeitern.)

Besteht dieser, gibt es nur drei Gründe, aus denen eine Kündigung ausgesprochen werden kann:

1. **Verhaltensbedingt.** Das heißt, sie wird damit begründet, dass sich der Arbeitnehmer ein Fehlverhalten zuschulden kommen ließ.

2. **Personenbedingt.** Klassisches Beispiel ist hier die Kündigung aus Krankheitsgründen.

3. **Betriebsbedingt.** Das heißt, ihr liegt eine unternehmerische Entscheidung zugrunde. Die meisten Kündigungen werden betriebsbedingt ausgesprochen.

■　　Service: Kündigungsfristen

Das Arbeitsverhältnis eines Arbeiters oder eines Angestellten (Arbeitnehmers) kann mit einer Frist von vier Wochen zum Fünfzehnten oder zum Ende eines Kalendermonats gekündigt werden.

Für eine Kündigung durch den Arbeitgeber beträgt die Kündigungsfrist, wenn das Arbeitsverhältnis in dem Betrieb oder Unternehmen

- zwei Jahre bestanden hat, einen Monat zum Ende eines Kalendermonats
- fünf Jahre bestanden hat, zwei Monate zum Ende eines Kalendermonats
- acht Jahre bestanden hat, drei Monate zum Ende eines Kalendermonats
- zehn Jahre bestanden hat, vier Monate zum Ende eines Kalendermonats
- zwölf Jahre bestanden hat, fünf Monate zum Ende eines Kalendermonats
- fünfzehn Jahre bestanden hat, sechs Monate zum Ende eines Kalendermonats
- zwanzig Jahre bestanden hat, sieben Monate zum Ende eines Kalendermonats

Abweichende tarifrechtliche Regelungen sind möglich. Einzelvereinbarungen können nur zu einer Verlängerung der Kündigungsfrist führen.

Quelle: Bürgerliches Gesetzbuch (BGB), § 622

Und auch über den gesetzlichen Kündigungsschutz hinaus gibt es eine ganze Reihe von weiteren Vereinbarungen/vertraglichen Regelungen, die greifen können. Angefangen von Sonderschutzregelungen für bestimmte Personengruppen bis hin zu Tarifverträgen. Für den Einzelnen ist die Rechtslage mitunter schwer durchschaubar. Im Zweifel kann es sinnvoll sein, einen Rechtsanwalt hinzuzuziehen, wobei unbedingt darauf zu achten ist, dass dieser sich auf Arbeitsrecht spezialisiert hat.

Insgesamt gilt: Egal aus welchem Grund jemand eine Kündigung erhält, seine Reaktion darauf sollte eigentlich immer nach dem gleichen System ablaufen:

1. Erhalt quittieren! Ansonsten nichts unterschreiben!
Den Erhalt einer Kündigung dürfen Sie quittieren, darüber hinaus kann Sie jedoch niemand zwingen, irgendetwas zu unterschreiben. Enthält die Quittung Zusätze wie „Kündigung akzeptiert" oder „Arbeitsende bestätigt", streichen Sie diese. Vor allen Dingen unterschreiben Sie in keinem Fall ohne vorherige rechtliche Beratung einen Aufhebungsvertrag (siehe auch Seite 88) – auch dann nicht, wenn damit eine gute Abfindung verbunden ist. Erbitten Sie sich immer Bedenkzeit!

2. Betriebsrat einschalten!
Gibt es in Ihrem Unternehmen einen Betriebsrat, sollte dieser sofort nach Erhalt einer Kündigung informiert/eingeschaltet werden. Dies gilt insbesondere bei betriebsbedingten Kündigungen. Nur der Betriebsrat kann vom Arbeitgeber eine Begründung der Sozialauswahl anfordern (oder hat diese bereits). Wenn Sie die Kündigung für sozial ungerecht halten, können Sie innerhalb der ersten Woche Einspruch beim Betriebsrat einlegen. Im Übrigen gilt: Wurde der Betriebsrat vor Ausspruch der Kündigung vom Arbeitgeber gar nicht oder nur unzureichend informiert, ist die Kündigung unwirksam.

Bei anderen Begründungen für eine Kündigung muss im Einzelfall abgewogen werden – meistens ist es dennoch sinnvoll, den Betriebsrat zu informieren.

3. Fristen beachten!
Mit dem Erhalt einer Kündigung beginnen sofort diverse Fristen zu laufen, die Sie penibel einhalten müssen. Die erste endet bereits nach drei Tagen. Innerhalb dieses kurzen Zeitraumes müssen Sie sich bei der Arbeitsagentur arbeitslos melden. Wer den Termin versäumt, riskiert eine Kürzung des Arbeitslosengeldes – und zwar um bis zu 50 Euro pro Tag.

Möchten Sie eine Kündigung anfechten, haben Sie hierfür drei Wochen Zeit. Versäumen Sie diese Frist, ist die Kündigung rechtswirksam und kein Einspruch mehr möglich.

4. Gültigkeit überprüfen!
Neben der Frage, ob eine Kündigung rechtmäßig ist, geht es auch noch darum, ob sie formal richtig ausgesprochen wurde. Das bedeu-

tet: Sie muss schriftlich erfolgt sein und die Unterschrift des Arbeitgebers enthalten. Bloße mündliche Drohungen wie „Ich habe genug von Ihnen, holen Sie sich Ihre Papiere ab" sind rechtlich irrelevant. Ebenso gelten Kündigungen per E-Mail, Fax oder SMS nicht als schriftlich und sind daher nicht gültig – auch wenn sie in der Praxis gar nicht so selten vorkommen.

Außerdem muss Ihnen eine Kündigung wirksam zugehen. Der Arbeitgeber muss also sicherstellen, dass Sie sie auch erhalten, was allerdings nicht bedeutet, dass er sie persönlich übergeben muss. Ein Zugang liegt nach allgemeiner Rechtsprechung beispielsweise auch dann vor, wenn sie beweisbar (Einwurf-Einschreiben, Zeugen) in den Briefkasten eingeworfen wird. Dies sollten Sie vor allem bedenken, wenn Sie in Erwartung einer Kündigung in Urlaub fahren. Sorgen Sie unbedingt dafür, dass regelmäßig Ihr Briefkasten geleert wird. Alle Fristen laufen mit dem Zugang der Kündigung – auch wenn Sie sie tatsächlich gar nicht lesen konnten.

5. Im Zweifel Klage erheben!

Grundsätzlich hat eine Klage immer dann Sinn, wenn Sie Ihr Arbeitsverhältnis fortsetzen möchten und zumindest Zweifel an der Wirksamkeit der Kündigung haben. Eine Klage kann aber auch dann angezeigt sein, wenn Sie tatsächlich nicht weiterarbeiten möchten, aber eine Abfindung herausschlagen wollen. Nicht selten ist der Gang zum Gericht oder zumindest die Androhung desselben der einzige Weg, eine solche zu bekommen. Auch wenn viele Arbeitnehmer dies glauben: Einen generellen Anspruch auf Abfindung gibt es nicht. Im Klartext: Wer eine Kündigung einfach akzeptiert, ohne über eine Abfindung zu verhandeln, erhält auch keine.

Doch weil viele Kündigungen Formfehler aufweisen oder sich sogar inhaltlich nicht halten lassen und Arbeitgeber eine aufwendige Begründung vor Gericht scheuen, sind sie unter Androhung eines Prozesses schneller bereit, Geld springen zu lassen. Vom üblichen „Geschacher vor Gericht" spricht in diesem Zusammenhang ein Nürnberger Anwalt. „Eine gute Abfindung auszuhandeln ist in der Regel keine Frage des Rechts, sondern der Taktik."

Allerdings müssen Sie bei Einreichung einer Klage beachten, dass Sie im Fall eines Prozesses die Kosten der ersten Instanz selbst tragen müssen – auch wenn Sie gewinnen. Dies ist eine Besonderheit bei Arbeitsrechtsprozessen, die eigentlich zum Schutz des Arbeitnehmers eingeführt wurde. Sie sollte verhindern, dass ein wirtschaftlich schwächerer Arbeitnehmer seine Interessen nicht durchsetzt, weil er Angst vor unabsehbaren Kosten hat. Aber diese Bestimmung hat auch Nachteile. Sie mindert zwar die Kosten für den Arbeitnehmer, wenn er den Prozess verliert. Sie benachteiligt ihn jedoch, wenn er den Prozess gewinnt. Denn er muss trotzdem seine eigenen Kosten, also zum Beispiel Anwaltskosten, Verdienstausfall usw., übernehmen. Lindern lässt sich dieses Risiko nur durch den Abschluss einer Rechtsschutzversicherung. Und auch hierbei müssen Sie Vorsicht walten lassen: Um wirklich Erstattungsansprüche aus der Rechtsschutzversicherung zu haben, muss unbedingt vor Beginn des Rechtsstreites die Deckungszusage eingeholt werden.

Geht das Verfahren in die zweite Instanz, gelten die gleichen Richtlinien wie bei anderen Verfahren auch.

6. Resturlaub sichern!

Checken Sie außerdem rasch, ob Sie noch Anspruch auf Resturlaub haben – den sollten Sie nicht verfallen lassen. Verweigert werden kann er innerhalb der Kündigungsfrist nur bei dringenden betrieblichen Angelegenheiten. Wenn Sie sich allerdings die Urlaubstage auszahlen lassen, kann es passieren, dass das Geld mit dem Arbeitslosengeld verrechnet wird.

> **Tipp:** Nach § 629 des Bürgerlichen Gesetzbuches (BGB) haben Sie nach Erhalt einer Kündigung durch den Arbeitgeber einen Freistellungsanspruch für Vorstellungsgespräche. Eine Anrechnung auf den Erholungsurlaub darf nicht stattfinden.

Sonderfall I: Fristlose oder außerordentliche Kündigung

Die wohl drastischste Form der Kündigung ist die fristlose oder außerordentliche Kündigung. Sie ist aber nur möglich, wenn ein wichtiger Grund vorliegt, der das Abwarten der ordentlichen Kündigungsfrist für den Arbeitgeber untragbar macht. In der Praxis könnten dies beispielsweise Arbeitsverweigerung, Geheimnisverrat oder auch sexuelle Übergriffe sein. Wobei grundsätzlich dieselben Rahmenbedingungen gelten wie bei einer normalen Kündigung. Liegt kein Sachverhalt vor, der grundsätzlich eine fristgerechte Kündigung rechtfertigen würde, kann auch keine fristlose Kündigung ausgesprochen werden.

Um auf der sicheren Seite zu sein, gehen viele Arbeitgeber, die eine fristlose Kündigung aussprechen, daher vor wie im oben bereits geschilderten Mobbingfall. Sie sprechen von vornherein zwei Kündigungen aus: eine außerordentliche und – für den Fall, dass diese nicht gelten sollte – auch eine ordentliche.

Für Sie als Arbeitnehmer ist es wichtig zu wissen, dass eine außerordentliche Kündigung nur innerhalb einer Frist von zwei Wochen erfolgen kann. Gerechnet ab dem Zeitpunkt, zu dem der Arbeitgeber von dem Fehlverhalten erfahren hat. Hält der Arbeitgeber diese Frist nicht ein, kann er sich in einem Kündigungsschutzprozess nicht mehr auf Dringlichkeit berufen. In jedem Fall ist es bei einer fristlosen Kündigung besonders wichtig, fristgerecht dagegen vorzugehen. Denn sind in der Kündigung verhaltensbedingte Gründe angeführt, müssen Arbeitnehmer mit einer Sperrfrist beim Arbeitslosengeld rechnen.

Sonderfall II: Änderungskündigung

Die Änderungskündigung ist ebenfalls ein Sonderfall der normalen Kündigung – und noch dazu ein sehr trügerischer. Im ersten Moment meinen nämlich viele Betroffene, dass das Unheil an Ihnen vorübergegangen sei. Dass dies jedoch keineswegs zwangsläufig so ist, zeigt der folgende Fall:

> Das Unheil traf Manfred Peters* und seine Kollegen unerwartet. In einer kurzfristig einberufenen Betriebsversammlung verkündete die Geschäftsführung der PR- und Mediaagentur, dass man den Firmensitz in Stuttgart aufgeben und alle Aktivitäten am Stammsitz in München zusammenziehen werde. Welche Konsequenzen das für jeden Einzelnen habe, so die Ankündigung, erfahre man in den anschließenden Einzelgesprächen.

> Gut drei Stunden später hielt ein Drittel der knapp 40-köpfigen Beleg-schaft ein Entlassungsschreiben in Händen. Manfred Peters wurde eine Änderungskündigung präsentiert. „Schwein gehabt", war der erste Gedanke des Grafikers. Doch schon in den nächsten Tagen wurde ihm klar, dass damit nicht viel gewonnen war: Das Änderungsangebot enthielt eine Fortführung des Vertrages zu denselben Bedingungen am neuen Standort. Keine Gehaltsanpassung an die deutlich höheren Lebenskosten in Bayern, keine Zuschüsse für Heimreisen zur Familie – nichts. Er müsse ja nicht annehmen, so der lapidare Kommentar seines Chefs. In diesem Fall ende der Arbeitsvertrag eben. Nach zehn Jahren – einfach so. Abfindung? „Leider finanziell nicht möglich."

Arbeitsrechtler können ein Lied davon singen: Es ist ein weit verbrei-teter Irrtum, dass Änderungskündigungen harmloser seien als Kün-digungen. Faktisch sind sie nichts anderes als eine Spielart der Been-digungskündigung. Der einzige Unterschied besteht darin, dass der Arbeitgeber die Fortführung des Arbeitsverhältnisses zu geänderten Bedingungen anbietet. Dass diese nicht besser sind, versteht sich von selbst.

Dies ist auch der Grund, warum Änderungskündigungen ebenso wie Kurzarbeit gerade in schlechten Wirtschaftslagen zunehmen. Ulrich Preis, Lehrstuhlinhaber für deutsches und europäisches Arbeits- und Sozialrecht an der Universität Köln, stellt klar, dass Kurzarbeit auch nichts anderes als eine befristete Änderungskündigung sei. Wer sie ausspricht, muss Kosten sparen und sieht in der Reduktion der Per-sonalkosten eine gute Möglichkeit dazu. Nur beim Kurzarbeitergeld bleibt die Grundversorgung zunächst garantiert.

Von Änderungskündigungen betroffene Arbeitnehmer unterschät-zen dabei nicht selten, dass der Arbeitgeber die Fortführung des Arbeitsverhältnisses nur deswegen anbietet, weil er durch die Sozi-algesetzgebung dazu gezwungen ist, wenn etwa, wie im Fall Peters, der Arbeitsplatz auch am neuen Standort bestehen bleibt oder durch Organisationsveränderungen der eigentliche Arbeitsplatz zwar weg-fällt, die Beschäftigung zu anderen Bedingungen aber zumutbar wäre. Die eigentliche Intention jedoch ist klar: Man möchte den Arbeitnehmer loswerden.

Erkennbar, so Preis, sei die wahre Zielrichtung in solchen Fällen eigentlich schon daran, dass überhaupt zum Rechtsmittel Kündigung gegriffen werde, obwohl sich Änderungen im Arbeitsvertrag auch einvernehmlich regeln ließen. Und der Experte fügt noch etwas hinzu: Selbst wenn der nett verpackte Rauswurf nicht der eigentliche Hintergrund ist, die Annahme einer Änderungskündigung sollten Sie sich immer gut überlegen. Denn Sie können grundsätzlich von einschneidenden Verschlechterungen ausgehen.

Ganz so einfach, wie es scheint, ist der Umgang mit Änderungskündigungen dennoch nicht. Rechtlich betrachtet sind sie ein tückisches Feld – „und zwar für alle Beteiligten". In den langen Jahren, die er auf diesem Rechtsgebiet tätig sei, erläutert Ulrich Preis, sei ihm – von Großunternehmen mit eigenen Rechtsabteilungen einmal abgesehen – „kaum eine Änderungskündigung auf den Tisch geflattert, die wirklich wirksam war". Wenn Sie also von einer Änderungskündigung betroffen sind, haben Sie gute Chancen, dagegen vorzugehen – vorausgesetzt, Sie tun dies richtig und halten dabei alle Zeitvorgaben ein (siehe Service Seite 84).

Es gibt zwei Aspekte, die zur Unwirksamkeit einer Änderungskündigung führen können: Ungültig ist sie zum einen, wenn der Abschied an sich nicht gerechtfertigt ist, zum anderen aber auch, wenn einzelne Abwandlungen nicht zu billigen sind. So darf beispielsweise eine Umstrukturierung mit der Abflachung von Hierarchien nicht automatisch zur Absenkung des Gehaltes führen – auch diese Maßnahme muss detailliert begründet werden können. Weil die Zustimmung zur Lohnkürzung später auch Auswirkungen auf den Bezug von Arbeitslosengeld hat, schauen Arbeitsgerichte gerade in solchen Fällen sehr genau hin. „Wer nicht kurz vor der Insolvenz steht", berichtet Experte Preis, „hat keine Chance, damit durchzukommen."

Die Änderungskündigung an sich unterliegt den gleichen Bedingungen wie eine Beendigungskündigung. Und noch ein weiterer, eher formaler Aspekt muss beachtet werden, nämlich die Tatsache, dass Kündigung und Weiterbeschäftigungsangebot als Einheit zu sehen sind. Wenn Sie eine Änderungskündigung erhalten, müssen beide

Teile auch zum selben Zeitpunkt ausgehändigt werden und zum selben Zeitpunkt wirken. Es geht also nicht, eine ordentliche Kündigung zum 30.6.2010 zu erklären, verbunden mit dem Angebot, bereits ab 1.5.2010 zu geänderten Bedingungen tätig zu sein. Außerdem müssen die Veränderungen im neuen Arbeitsverhältnis klar benannt werden. Ihnen muss also mit Bekanntwerden der Kündigung klar sein, was Sie bei einer möglichen Weiterbeschäftigung erwartet. In vielen Fällen patzen die Arbeitgeber schon bei diesen Punkten.

Doch auch wenn Sie vor Gericht Recht erhalten, bedeutet dies nicht zwangsläufig die Fortsetzung des Arbeitsverhältnisses. Der Nachweis von Fehlern bewirkt nicht mehr als einen Zeitgewinn – und führt, wie bereits oben erläutert, in der Regel dazu, dass zumindest eine Abfindung gezahlt wird. Letzteres ist der eigentliche Grund, warum Experten allen, die eine Änderungskündigung erhalten, in jedem Fall den Gang zum Rechtsanwalt empfehlen. Selbst – oder gerade – dann, wenn von vornherein feststeht, dass sie das geänderte Vertragsangebot nicht akzeptieren. Das kostet zwar Geld, rechnet sich aber in der Regel.

■   Service: Richtig auf eine Änderungskündigung reagieren

Wenn Sie eine Änderungskündigung erhalten, haben Sie theoretisch mehrere Möglichkeiten, zu reagieren:

- Sie können die geänderten Bedingungen akzeptieren. Dies müssen Sie binnen drei Wochen gegenüber dem Arbeitgeber erklären. Dies scheint zwar die einfachste Möglichkeit zu sein, sollte aber gut überlegt werden.
- Sie können die geänderten Bedingungen ablehnen. Das Arbeitsverhältnis endet dann zum Kündigungszeitpunkt.
- Sie können die geänderten Bedingungen ablehnen und gleichzeitig Klage beim Arbeitsgericht erheben, wobei beides innerhalb von drei Wochen geschehen muss. Verstreicht die Frist, bedeutet dies, dass das Arbeitsverhältnis mit Ablauf der Kündigungsfrist beendet ist. Gleiches gilt, wenn der Prozess verloren wird.

▪ Sie reagieren gar nicht oder nach den drei Wochen. In der Realität leider eine häufige Reaktion – oft aus Unwissenheit. Auch dann endet das Arbeitsverhältnis zum Kündigungszeitpunkt.

▪ Sie erklären die Annahme unter Vorbehalt und reichen gleichzeitig eine Kündigungsschutzklage ein. Geht dann der Prozess verloren, besteht der Arbeitsvertrag zu den geänderten Bedingungen weiter. Wird er gewonnen, gelten die alten Bedingungen. In diesem Falle müssen Sie unbedingt darauf achten, dass Sie im selben Zeitraum, in dem Klage erhoben werden muss, auch gegenüber dem Arbeitgeber die vorbehaltliche Annahme erklären müssen. Allein die Klage reicht nicht. Grundsätzlich gilt diese Reaktion unter Arbeitsrechtlern als die aussichtsreichste.

Sonderfall III: Insolvenz

Als dritten Sonderfall einer Kündigung wollen wir die Thematik Insolvenz behandeln – auch wenn es sich hierbei rein rechtlich gar nicht um eine Kündigung handelt. Im Gegenteil ändert sich durch die Eröffnung eines Insolvenzverfahrens zunächst einmal gar nichts am bestehenden Arbeitsverhältnis. Alle Leistungspflichten beider Seiten bleiben sogar ausdrücklich bestehen. Schließlich geht es in einem Insolvenzverfahren nicht vorrangig darum, ein Unternehmen abzuwickeln, sondern es aus der Krise herauszuführen. Hierfür ist es in der Regel zwingend notwendig, dass die Mannschaft an Bord bleibt. Einzige Ausnahme: Der Insolvenzverwalter beschließt, ganze Unternehmen oder einzelne Teile stillzulegen, und kündigt betriebsbedingt. In diesem Fall werden die Betroffenen zumeist freigestellt. Hierzu bedarf es aber einer offiziellen Vereinbarung.

Fakt jedoch ist, dass die meisten von einer Insolvenz Betroffenen Insolvenz und Verlust des Arbeitsplatzes gleichsetzen. So wie Monika Wost*.

> Die Sekretärin arbeitete bei einem mittelständischen Werkzeughersteller und erlebte immer wieder, dass am Ersten des Monats die Lohnzahlung ausblieb beziehungsweise deutlich später kam. Im Herbst 2008 überschlugen sich dann die Gerüchte: Geschasste Geschäftsführer, unterschlagene Gelder … Dennoch war der Schock groß, als ihr Arbeitgeber

Anfang 2009 Insolvenz anmeldete. „Ich hatte Panik", gibt sie offen zu, „und bin am nächsten Tag erst mal zu Hause geblieben."

Natascha Roschmann, Fachanwältin für Insolvenzrecht im bayerischen Memmingen, kennt das Phänomen. Insolvenzen beherrschen immer wieder die Schlagzeilen. Allein 2008 waren laut Statistischem Bundesamt über 29.000 Betriebe betroffen, darunter so renommierte wie der Uhrenhersteller Junghans oder die Post-Konkurrenz Pin Group. Somit sollte jeder das Thema kennen. Aber wer selbst Leidtragender ist, ist zumeist vollkommen verunsichert, weiß nicht nur Roschmann. „Dass Mitarbeiter einfach nicht mehr zur Arbeit kommen, ist keinesfalls selten." Genau dies ist jedoch genau die falsche Reaktion – und kann sogar einen Rauswurf nach sich ziehen.

Grundsätzlich ist eine Insolvenz allein noch kein Kündigungsgrund. Falls ein Teil der Belegschaft gehen muss, muss eine Sozialauswahl getroffen werden. Sogar über Abfindungen kann verhandelt werden. Oft, erläutert Ilona Mirtschin von der Nürnberger Arbeitsagentur, sei es für die Arbeitnehmer sogar gut, wenn strauchelnde Unternehmen endlich Insolvenz anmelden. „Denn erst mit diesem Schritt wird es möglich, rückwirkend für bis zu drei Monate Insolvenzgeld zu beantragen." Das können Betroffene entweder selbst tun oder sich in großen Betrieben an den Betriebsrat wenden. Ausgezahlt wird das Geld, das dem Nettogehalt entspricht, von der Arbeitsagentur. Auch hier müssen Fristen eingehalten werden: Das Insolvenzgeld muss innerhalb von zwei Monaten nach Eröffnung des Verfahrens beantragt werden.

Einen Wermutstropfen gibt es dennoch: Wird im Falle einer Firmenpleite betriebsbedingt gekündigt, gilt längstens eine Kündigungsfrist von drei Monaten. Egal, was gemäß Tarif oder individuell vereinbart wurde.

Problemfall Insolvenzverschleppung

Weit schwieriger kann es werden, wenn Ihr Arbeitgeber die Insolvenz verschleppt. Bleiben Lohnzahlungen beispielsweise länger als drei Monate aus, geht der Arbeitnehmer in der Regel leer aus. Denn Lohnforderungen, die vor Eintritt der Insolvenz auflaufen, werden später – anders als vielfach vermutet – nicht bevorzugt bedient. Arbeitnehmer werden wie normale Gläubiger behandelt. Anders ist es nur bei Lohnforderungen, die nach Insolvenzeröffnung entstehen. Diese sind Masseverbindlichkeiten und damit weitgehend sicher.

Doch was können Sie tun, um bereits im Vorfeld einer Insolvenz negative Konsequenzen zu vermeiden? „Grundsätzlich", betont Expertin Roschmann, „muss niemand ohne Lohn arbeiten." Mögliche Schritte sind:

1. Bleiben die Zahlungen länger als 1,5 Monate aus, rechtfertigt dies eine fristlose Kündigung. Eine Sperre bei der Arbeitsagentur gibt es dann nicht.

2. Hilfreich kann es außerdem sein, die Sozialträger, insbesondere die Krankenkasse, zu informieren. Denn wird kein Lohn ausgezahlt, werden zumeist auch keine Sozialabgaben abgeführt – und damit ist dann auch die Krankenkasse Gläubiger. Kassen werden hier zumeist sehr schnell aktiv.

3. Sie können auch selbst Konsequenzen einleiten. Arbeitnehmer, die ihr Gehalt nicht bekommen, sind Gläubiger und jeder Gläubiger kann von sich aus einen Insolvenzantrag stellen.

4. Ebenso ist es möglich, ausstehenden Lohn einzuklagen.

Allerdings raten die meisten Fachleute von den Schritten 3 und 4 ab – und auch die Betroffenen wählen sie selten. Wer mag schon gegen seinen eigenen Arbeitgeber zum „Todesstoß" ansetzen? Außerdem ist ein solches Vorgehen mit einem finanziellen Risiko behaftet. Steht es so schlecht um das Unternehmen, dass erst gar kein Verfahren eröffnet wird, bleibt der Antragsteller auf den Kosten sitzen.

Auch eine Lohnklage bringt zumeist wenig. Denn grundsätzlich ist der Anspruch nicht strittig. Im Zweifel gewinnt der Arbeitnehmer, Geld sieht er aber trotzdem nicht, sondern hat nur zusätzliche Kosten. Sinnvoll ist ein solches Vorgehen allenfalls, wenn Sie sehr frühzeitig handeln und mit dem erstrittenen Titel eine Kontenpfändung androhen können. Dann, so wissen Insider, versuchen die meisten säumigen Arbeitgeber dennoch zu zahlen. Aber wer so handelt, betont nicht nur der Kölner Karriereberater Josef Albers, dem sollte klar sein, dass sich damit alle Karriereambitionen beim alten Arbeitgeber erübrigen. „Dann sollte man eine Alternative schon in der Hinterhand haben."

Grundsätzlich, so der Diplom-Psychologe, empfehle er seinen Klienten, auch im Falle einer Insolvenz nie vorschnell zu handeln, sondern erst eine umfassende Analyse vorzunehmen – „wie immer in Umbruchphasen". Die Perspektiven des Unternehmens gehören dabei genauso auf den Prüfstand wie die eigenen.

Für die Mitarbeiterin des schwäbischen Werkzeugherstellers ging die Sache übrigens gut aus. Dem Insolvenzverwalter gelang der Verkauf an einen Konkurrenten. Fast 90 Prozent der Arbeitsplätze blieben erhalten. Sie selbst wurde sogar befördert.

> **Tipp:** Verlieren Sie im Insolvenzfall nicht das Thema Zeugnis aus den Augen. Grundsätzlich gilt: Scheiden Sie vor Eröffnung des Insolvenzverfahrens aus, richtet sich Ihr Anspruch an den bisherigen Arbeitgeber. Bleibt das Beschäftigungsverhältnis während der Insolvenz bestehen, richtet er sich gegen den Insolvenzverwalter. Im Einzelfall mag es trotzdem sinnvoll sein, dass der alte Arbeitgeber das Zeugnis formuliert, aber der Insolvenzverwalter muss zumindest mitunterschreiben.

Aufhebungsvertrag und Abfindung – gefragt ist Verhandlungsgeschick

Im letzten Teil dieses Abschnittes sollen zwei Aspekte näher beleuchtet werden, die in den vergangenen Abschnitten mehrfach gestreift wurden – und die scheinbar positive Assoziationen wecken: Aufhebungsvertrag und Abfindung. Beide Schlagworte fallen schnell, wenn es darum geht, Personal abzubauen. „Zu schnell", wie Ferdinand Brüggehagen, Fachanwalt für Arbeitsrecht in Hannover, weiß. Die meisten Arbeitnehmer freuen sich, wenn sie diese Stichworte hören. „Oft zu Unrecht", so Brüggehagen. Tatsächlich gilt es auch hier, auf der Hut zu sein – und vor allem geschickt zu verhandeln. Je nach persönlicher Lebenssituation können beide Offerten zu Fallstricken werden.

Der Aufhebungsvertrag – mehr Schein als sein

Nicht selten versuchen Arbeitgeber in schwierigen Situationen die direkte Kündigung und die damit verbundene (gerichtliche) Auseinandersetzung zu umgehen und bieten Mitarbeitern einen Aufhebungsvertrag an. Vielen Arbeitnehmern ist unbekannt, dass sie mit einer solchen Vereinbarung in Konflikt mit der Bundesagentur für Arbeit geraten, und das mit fatalen Folgen. Weil der Gesetzgeber verlangt, dass jeder um seinen Arbeitsplatz kämpfen muss, führt ein Aufhebungsvertrag schnell zur Sperre oder zum Ruhen des Arbeitslosengeldes. Selbst dann, wenn es sich eigentlich um verschwindend geringe Summen handelt.

Insbesondere, wenn Sie einer Verkürzung Ihrer Kündigungsfrist zustimmen und hierfür einen finanziellen Ausgleich erhalten, wird für diese Zeit kein Arbeitslosengeld gezahlt. In diesem Fall, erläutert Frauke Wille von der Nürnberger Bundesagentur für Arbeit, verkürzt sich der Anspruch zwar nicht, aber er ruht. „Und solange er ruht, besteht weder Kranken- noch Pflegeversicherungsschutz. Es werden auch keine Beiträge zur gesetzlichen Krankenversicherung und Pflegeversicherung entrichtet."

Dieser Fall kann übrigens auch dann eintreten, wenn per Aufhebungsvertrag geregelt wird, dass jemand formal angestellt bleibt, aber gleichzeitig freigestellt wird. Hier steht eine endgültige Klärung der Rechtslage zwar noch aus. Die Spitzenverbände der Krankenkassen, die Rententräger und die Bundesagentur für Arbeit fordern jedoch, dass der Arbeitgeber während einer Freistellung keine Beiträge zur Renten-, Kranken- und Pflegeversicherung abführen darf. In der Begründung heißt es: All das, was ein typisches Arbeitsverhältnis ausmache – etwa das Weisungsrecht und die Arbeitspflicht – gebe es ab diesem Moment nicht mehr.

Für die Praxis bedeutet dies umso mehr: Stimmen Sie einem Aufhebungsvertrag nur nach umfassender rechtlicher Prüfung zu.

Die Abfindung – Geld ist nicht alles

Fast immer mit dem Aufhebungsvertrag verbunden – und in der Regel heiß begehrt – ist die Abfindung. Liest man doch immer wieder, dass sich vor allem Topmanager den plötzlichen Jobverlust mit Geld versüßen lassen. In der Regel werden dabei exorbitante Zahlen genannt. „Mit der Realität im Berufsalltag hat dies jedoch nichts zu tun", sagt Experte Brüggemann. Denn in diesen medienwirksamen Geschichten geht es meist um Vorstände oder Geschäftsführer. Für die gelten jedoch zwei Prämissen:

1. Vorstände und Geschäftsführer haben in der Regel Verträge mit festen Laufzeiten.

2. Vorstände und Geschäftsführer sind nach Beendigung des Arbeitsverhältnisses nicht auf Arbeitslosengeld angewiesen.

„Viele Arbeitnehmer", wundert sich der Experte, „schätzen ihre Situation vollkommen falsch ein und glauben sogar, dass sie ein Anrecht auf Abfindung haben." Für Otto-Normal-Arbeitnehmer gelten jedoch die gesetzlichen Kündigungsfristen und das Kündigungsschutzgesetz.

Ein Anrecht auf Abfindung gibt es nur in zwei Fällen: Wenn es einen Betriebsrat im Unternehmen gibt und dieser einen Sozialplan abgeschlossen hat, unter dessen Anwendungsbereich die Kündigung fällt. Oder wenn ein Arbeitsgericht das Arbeitsverhältnis auflöst und dies so bestimmt. In allen anderen Fällen ist die Abfindung eine freiwillige Sache und muss individuell ausgehandelt werden.

Diverse Untersuchungen zeigen, dass nur bei 10 bis 15 Prozent aller Kündigungen Abfindungen gezahlt werden. Liegt ein gesetzlich verankerter Kündigungsgrund vor, gibt es zumeist überhaupt kein Geld. Nur wenn die Rechtslage strittig ist und es zum Prozess kommt, steigt die Prozentzahl auf 50. Doch selbst dann ist die Höhe dieser Abfindungen zumeist deutlich geringer, als die Betroffenen erwartet haben. Im Jahr 2006, so ergab eine Erhebung des in Berlin ansässigen Deutschen Instituts für Wirtschaftsforschung (DIW), ging über die Hälfte aller Betroffenen mit weniger als 10.000 Euro nach Hause. Der Grund dafür liegt jedoch nicht alleine an der Gesetzeslage, sondern oft auch an der Blauäugigkeit der Gekündigten – oder deren Schockzustand. Viele lassen sich viel zu schnell auf den ersten Vorschlag ein und diskutieren gar nicht erst.

Ihnen muss das nicht passieren. Denn dass sich Verhandeln durchaus lohnen kann, beweist die Statistik. Es gibt zwar keine gesetzliche Grundlage, doch es existieren Annäherungswerte, die sich an den Urteilen der Arbeitsgerichte orientieren und zu einer Faustregel geführt haben.

■ Service: So errechnen Sie Ihre Abfindung

- Als Faustregel gilt die Formel: „Jahre der Beschäftigung mal Monatsgehalt mal Faktor x", wobei letzterer variiert.
- Bei 50 Prozent aller Beschäftigten, so zeigte eine Untersuchung der bundesweit tätigen Outplacementberatung Karent aus dem Jahre 2008, liegt der Faktor x bei 0,5 oder darunter. Jeweils 21 Prozent der Befragten bekamen 0,6 bis 0,9 beziehungsweise 1. Bei lediglich acht Prozent war der Faktor x größer als 1.
- Einfluss auf den Faktor x hat die Branchenzugehörigkeit. Am meisten blättern Banken und Versicherungen, Software- und Telekommunikationsunternehmen sowie Dienstleister/Beratungen hin, am wenigsten wird in der Chemie-, Pharma- und Textilbranche gezahlt.
- Zum anderen wirkt sich aber auch der Wohnort aus. Im Osten und Norden sind die Arbeitgeber knausriger als im Westen und im Süden.
- Verbindlich sind diese Rechenmodelle nur bei Gerichtsverfahren.

Kämpfen oder nicht kämpfen?

Doch bevor Sie sich zum Kampf entschließen, vergessen Sie für einen Moment die Vorteile, die ein größerer Geldbetrag unbestritten mit sich bringt. Es gibt einen alten Sinnspruch, wonach Geld allein noch nicht glücklich macht. Der gilt mitunter auch hier, denn Ihren Job sind sie los – aber einen neuen haben Sie noch nicht.

Beim Thema Abfindung sind immer drei Aspekte zu beachten: der rechtliche, der kaufmännische und der emotionale. Darum fällt es Fachanwälten und Outplacementberatern oft schwer, die Frage zu beantworten, die sie zumeist als Erstes hören: Soll ich eine Abfindung akzeptieren? Entscheidend ist immer Ihre individuelle Situation – denn sie bestimmt Ihre Verhandlungsposition. Dafür sollten Sie zunächst nachstehende Fragen klären:

- Aus welchem Grund steht die Kündigung im Raum?
- Soll sie betriebs- oder verhaltensbedingt erfolgen?
- Ist sie berechtigt?
- Wie sind Sie ansonsten abgesichert? Finanziell und emotional?
- Wie sind Ihre beruflichen Perspektiven?
- Und vor allem: Wollen Sie tatsächlich gehen? Oder können Sie sich auch vorstellen zu bleiben?

Erst wenn alle Fragen beantwortet sind, kann eine individuelle Strategie entwickelt werden. Dies gilt vor allem dann, wenn es keinen rechtlichen Kündigungsgrund gibt, Sie aber mit Ihrem Arbeitgeber oder Ihrem Vorgesetzten nicht klarkommen. Oder das Unternehmen laut Sozialplan eigentlich einem anderen Mitarbeiter kündigen müsste, diesen aber halten möchte – und stattdessen Ihnen eine Abfindung anbietet. Ein Fall, der in der Realität gar nicht so selten vorkommt.

„Sie müssen sehr genau abwägen, welcher Kampf sich lohnt", betont Outplacementberater Herbert Mühlenhoff, Inhaber der gleichnamigen Managementberatung. Bedenken Sie dabei auch, dass zu starker Druck am Arbeitsplatz gesundheitliche Folgen haben kann.

Je kleiner ein Unternehmen ist, umso unerträglicher kann die Situation für den ungeliebten Kollegen werden. Je größer auf der anderen Seite ein Unternehmen ist, umso schlechter stehen seine Chancen, einen langjährigen Mitarbeiter schnell und kostengünstig loszuwerden. Jüngere, gut qualifizierte Arbeitnehmer haben weniger Probleme, ein neues Aufgabengebiet zu finden. Dies weiß auch der Arbeitgeber und ist daher zumeist in geringerem Maße willens, finanziellen Schadenersatz zu leisten. Je älter dagegen ein Arbeitnehmer ist, umso schlechter sind seine Chancen auf dem Arbeitsmarkt – selbst bei hoher

Qualifikation. Auch das weiß der Arbeitgeber. Ihm ist klar: Ist die Kündigung nicht absolut wasserdicht und kommt es zum Rechtsstreit, besteht die Gefahr, dass sie vor Gericht aufgehoben wird. In diesem Fall müsste der Arbeitnehmer weiter im Unternehmen beschäftigt werden und würde somit weiterhin Geld kosten – womöglich 10 oder 15 Jahre. „Die höchsten Abfindungen", betont Brüggemann, „werden daher an Arbeitnehmer Plus-minus-fünfzig gezahlt."

Wenn nur die Trennung als Lösung bleibt, gilt es, sich nicht eher auf eine Verhandlung einzulassen, bis die Argumentationskette steht. Arbeitgeber versuchen nicht selten, sofort eine Aussprache zu „erzwingen". Oft üben sie im ersten Trennungsgespräch moralischen Druck aus: „Sie wissen ja selbst. Wir haben Probleme …" Wer sich vorschnell darauf einlässt, hat oft schlechte Karten. Nicht nur, dass er vielleicht zu wenig aushandelt – er unterzeichnet womöglich einen Aufhebungsvertrag.

Vergessen Sie nicht: Abfindungen müssen voll versteuert werden. Zwar kann die Summe im Rahmen der Steuererklärung auf fünf Jahre gestreckt werden, doch auch das hilft nur wenig. Auf den ersten Blick klingt das Verhandlungsergebnis dann zwar vielversprechend, hält aber nicht lange vor.

Wenn Sie über die Rahmenbedingungen Ihrer Kündigung verhandeln, sollten Sie nicht nur eine möglichst hoch dotierte Abfindung vor Augen haben, sondern auch einen gelungenen Wiedereinstieg in den Arbeitsmarkt. „In der ersten Wut und Enttäuschung", erlebt Outplacementberater Mühlenhoff immer wieder, „wird das oft vergessen."

Statt Geld herauszuschlagen kann es mitunter sinnvoll sein, die Kündigungsfrist zu verlängern – im Zweifel bei gleichzeitiger Freistellung. Nach außen kann man sich dann aus einer ungekündigten Stelle bewerben. Bei der Jobsuche ein deutlicher Pluspunkt.

Rechtlichen Beistand suchen – und finden

In den vergangenen Abschnitten wurde deutlich: Ist eine bestimmte Eskalationsstufe erreicht, geht es in der Regel nicht mehr ohne rechtlichen Beistand – und vielleicht haben auch Sie sich schon die Frage gestellt, wie man einen gewieften Rechtsanwalt findet. Das ist in der Tat nicht immer einfach. Stur die Gelben Seiten abzuarbeiten, hilft nicht unbedingt weiter. Auch der Schwerpunkt „Fachanwalt für Arbeitsrecht" ist kein Gütesiegel. Insider empfehlen daher, sich an den Arbeitsgerichten umzuhören – oder noch besser: im Kollegenkreis und in den Netzwerken nach erfolgreichen Kollegen zu fragen.

Einen Anhaltspunkt können Rankings bieten, wie sie beispielsweise der Juve-Verlag jährlich in seinem Handbuch „Kanzleien und Rechtsanwälte" veröffentlicht. Grundlage sind in diesem Fall Empfehlungen von Kollegen. Darüber hinaus können Sie über Anwaltssuchdienste im Netz gehen, etwa www.anwalt-suchservice.de. Wer dort gelistet ist, muss zumindest bestimmte Kriterien erfüllen.

Mindestens ebenso wichtig wie eine (persönliche) Empfehlung ist aber auch das eigene Gefühl. Stimmt die Chemie nicht, ist es besser, noch einen weiteren Anwalt zu konsultieren. Schließlich geht es hier um elementare Dinge.

Leider spielt auch die Geldfrage bei der Auswahl eine Rolle. Nicht alle (empfohlenen) Spezialisten geben sich mit den Sätzen einer Rechtsschutzversicherung zufrieden. Dennoch sollte dies nicht das einzige Ausschlusskriterium sein. Günstig bis kostenlos ist in der Regel die Unterstützung durch einen Berufsverband oder eine Gewerkschaft. Auch hier sollten Sie vorsichtig sein. Da die dort beschäftigten Anwälte in der Regel keinen eigenen finanziellen Vorteil durch eine erfolgreiche Vertretung haben, sind sie mitunter auch weniger engagiert. Gute Anwälte sind teurer, aber dennoch kann die Rechnung am Ende aufgehen.

Tipp: Rechtliche Beratung in allen Berufsbelangen und diesbezügliche Vertretung vor Gericht bietet der Verband „Die Führungskräfte e.V.", www.die-fuehrungskraefte.de. Mitgliedsbeitrag: 170 Euro pro Jahr

3. Alle Möglichkeiten beim Schopfe packen

Aktiv auf Jobsuche gehen

Es ist so weit. Ob freiwillig oder unfreiwillig: Sie sind auf Jobsuche. Heutzutage gibt es zahlreiche Anlaufstellen, wenn man sich beruflich neu orientieren möchte. Die Zeiten, in denen fast 90 Prozent aller Stellenangebote über die Tageszeitung vergeben wurden, sind längst vorbei. Sie können also richtig aktiv werden – und sollten dies keinesfalls versäumen. Über 60 Prozent aller suchenden Unternehmen, so zeigt eine aktuelle Untersuchung des Bundesverbandes Informationswirtschaft, Telekommunikation und Neue Medien (BITKOM), nutzen für die Bewerberansprache drei unterschiedliche Print- und Online-Medien, 20 Prozent sogar vier: Tageszeitungen, Wochenmagazine, Fachzeitschriften, Jobbörsen, Online-Netzwerke … Darüber hinaus präsentieren sie sich auf Jobmessen und engagieren Headhunter. Nehmen Sie sich ein Vorbild – nutzen auch Sie alle Kanäle.

„Verstehen Sie Ihre Jobsuche als Fulltime-Job", ermuntert der amerikanische Karriereguru und Buchautor Richard Nelson Bolles seine Leser. Richtig! Dies gilt vor allem dann, wenn die Kündigung bereits ausgesprochen wurde. Nutzen Sie nicht nur alle Wege, sondern auch alle Zeit, die Sie zur Verfügung haben. Von dem Moment an, an dem Sie freigestellt sind oder Resturlaub nehmen, sind dies acht Stunden pro Tag, in denen Sie auf allen nachfolgend aufgezählten Wegen aktiv werden können – und vielleicht sogar noch darüber hinaus.

Ist die Kündigung ausgesprochen, ist der Zeitpunkt gekommen, offensiv zu werden. Halten Sie nicht mehr hinterm Berg mit der Wahrheit, ganz im Gegenteil: Informieren Sie Freunde, Arbeitskollegen und Familienmitglieder. Und ändern Sie auch Ihren Status in allen Onlinecommunitys. Wer ab jetzt Ihr Profil aufruft, braucht zwei Informationen: erstens, wofür sie stehen und was Sie können, und zweitens: „sofort verfügbar".

Sie haben Ihren Job noch und sind trotzdem entschlossen zu suchen? Auch dann werden Ihnen nachfolgende Tipps helfen, alle Wege möglichst effektiv zu nutzen, nur ein wenig unauffälliger. Ihren Online-Status dürfen Sie noch nicht verändern, Ihren Zeiteinsatz schon.

Erprobt: der Print-Weg

Auch wenn heute längst nicht mehr alle Arbeitgeber ihre offenen Positionen in den Stellenteilen der Zeitungen veröffentlichen, lohnt sich für Jobsuchende der regelmäßige Blick in den Stellenmarkt vor allem von Zeitungen trotzdem. Damit sollten Sie bereits vor der aktiven Suchphase beginnen. Denn durch die regelmäßige Lektüre bekommen Sie einen guten Überblick darüber, welche Branchen und Unternehmen gerade aktiv sind auf dem Markt und welche nicht.

Für welche Blätter Sie sich dabei entscheiden, hängt von zwei Faktoren ab: von Ihrer Qualifikation (Fach- und Führungspositionen werden in der Regel nur in überregionalen Blättern veröffentlicht) und von Ihrer Mobilität.

Als wirklich überregional gelten die Frankfurter Allgemeine Zeitung (FAZ), die Welt, die Zeit, das Handelsblatt und die Financial Times. Darüber hinaus gibt es noch eine Reihe von Blättern, die eine Art Zwitterstellung haben. Sie sind zwar überregional erhältlich, legen aber großen Wert auf lokale Berichterstattung, was sich auch im Stellenteil widerspiegelt. Hierzu zählen die Süddeutsche Zeitung (SZ), die Stuttgarter Zeitung und die Frankfurter Rundschau mit einem Fokus auf dem süddeutschen Raum, die Westdeutsche Allgemeine Zeitung (WAZ) und der Kölner Stadtanzeiger mit einem Schwerpunkt im Westen sowie die Hannoversche Allgemeine Zeitung (HAZ) und das Hamburger Abendblatt mit nördlicher Ausrichtung. Zusätzlich gibt es einige überregionale Fachzeitschriften, die sich an bestimmte Berufsgruppen oder Branchen richten, beispielsweise die VDI-Nachrichten für Ingenieure oder Computerwoche und c't für Spezialisten aus der Informationstechnologie.

Nach der Wahl der für Sie passenden Medien müssen nun relevante Stellenausschreibungen gefunden, richtig gelesen und adäquat beantwortet werden.

Richtig lesen

Eine auf den ersten Blick passende Anzeige zu finden ist noch relativ einfach. Entscheidender ist, das Inserat im Hinblick auf die eigenen Qualifikationen auszuwerten. Seit Jahren herrscht in Deutschland der Irrglaube, dass in Anzeigen formulierte Anforderungen eher Richtwerte seien. Das Gegenteil ist der Fall: Was gefordert wird, wird auch verlangt. Toleriert werden allenfalls kleine Abweichungen.

■　　Service: Mögliche Anforderungen in einer Stellenanzeige

Studienrichtung/Branche Werden ausdrücklich ein bestimmtes Studium oder eine Spezialisierung verlangt, ist es für Quereinsteiger meist wenig sinnvoll, sich zu bewerben. Eine Ausnahme ist manchmal die IT-Branche, wobei auch hier die Zeiten vorbei sind, in denen faktisches Können formale Qualifikationen vollkommen ersetzen konnte. Nur wer sehr spezifisches Können schon unter Beweis gestellt hat, kann sich mitunter durchmogeln.

Berufserfahrung Wird eine bestimmte Berufserfahrung verlangt, haben Bewerbungen von Kandidaten mit weniger Kenntnissen wenig Sinn. Konkret: „Erste Berufserfahrung" heißt zwei bis drei Jahre; von „fundierter Erfahrung" oder „fundierten Kenntnissen" kann in der Regel erst nach fünf Jahren gesprochen werden. „Einschlägig" bedeutet in diesem Zusammenhang, dass der Kandidat bereits eine gleichwertige Tätigkeit in einem vergleichbaren Unternehmen ausgeübt hat – und zwar mindestens drei Jahre lang.

Position Sofern Sie sich nicht gerade um einen Berufseinstieg bemühen, sollte die ausgeschriebene Position nahtlos an Ihre bisherige anschließen. Sprünge in der Hierarchie (sowohl zwei nach oben als auch einer nach unten) sind problematisch. Einzige Ausnahme: Bietet die neue Stelle Herausforderungen, mit denen Sie Ihr bisheriges Wissen noch ergänzen können, ist eine befristete hierarchische Herabstufung hinnehmbar. In diesem Fall sollte die Bewerbung jedoch einen Satz enthalten, der erklärt, was Sie sich von der Position erhoffen.

- **Sprachkenntnisse** Hier gilt der Satz „Was gefordert wird, sollte auch vorhanden sein" am extremsten. „Perfekte Englischkenntnisse in Wort und Schrift" lassen sich nicht in der Schule erwerben. Überlegen Sie genau, ob Sie diesen Anforderungen entsprechen. Tun Sie dies nicht, kann es bei kleinen Abweichungen sinnvoll sein, die Bereitschaft zur Weiterbildung zu signalisieren – aber nur bei kleinen Abweichungen.

Achten Sie nicht nur auf die Voraussetzungen, sondern auch auf die Formalia. Dies gilt umso mehr, wenn die Anzeige von einer Firma geschaltet wurde, die Sie nicht kennen. Wie ist zum Beispiel der Schreibstil? Er lässt in der Regel erste Rückschlüsse auf die Unternehmenskultur zu. Wie groß ist die Anzeige? Die Größe kann Auskunft darüber geben, wie es insgesamt um das Unternehmen bestellt ist bzw. wie viel Geld es bereit war, in die zu besetzende Position zu investieren. Hand aufs Herz: Möchten Sie eine Position in einem Unternehmen einnehmen, zu dessen Stellenanzeigen eigentlich eine Lupe mitgeliefert werden müsste?

Richtig antworten

Wenn Sie aufgrund Ihrer Analyse einen guten Eindruck von Ihrem potenziellen Arbeitgeber gewonnen haben und Ihre Qualifikationen im Wesentlichen mit den Erfordernissen übereinstimmen, geht es ans Bewerben.

Früher hieß dies ganz einfach: Bewerbungsmappe packen und losschicken. Heute ist dies nicht mehr zwingend die erste Wahl. In immer mehr Stellenanzeigen wird inzwischen neben der Postadresse auch eine E-Mail-Adresse angegeben. Viele Unternehmen akzeptieren sogar nur noch ausschließlich elektronische Unterlagen oder bieten die Möglichkeit, sich über ein Online-Formular auf der Website direkt in den unternehmenseigenen Datenpool einzutragen. Laut einer aktuellen

Arbeitgeberbefragung des Job-Portals Monster (Recruiting Trends 2009) arbeiten bereits 50 Prozent der deutschen Großunternehmen mit solchen IT-Systemen. Bei vielen von ihnen kommt man um den obligatorischen standardisierten Eintrag nicht mehr herum. Ist dies der Fall, sollten Sie sich unbedingt daran halten und nicht versuchen, auf anderen Wegen an Kontaktadressen zu kommen. Es sei denn, sie haben einen belastbaren Kontakt in Ihrem Netzwerk.

Zwar gehen nicht alle Unternehmen so radikal damit um wie der Siemens-Konzern, der Bewerbungen per Post kurzerhand zurückschickt und zum Online-Eintrag auffordert. Gleichwohl ist bei Nichtbeachtung der Vorgabe das Risiko groß, dass Ihre Unterlagen direkt in die Ablage „P", sprich: Papierkorb, wandern. Geht der bevorzugte Weg der Kontaktaufnahme nicht aus der Anzeige hervor – fragen Sie einfach nach. Oder recherchieren Sie, ob es hierzu eine Angabe auf der Homepage gibt.

Nur keine Hektik

Falls eine klassische Papierbewerbung gewünscht wird, sollten Sie keine übertriebene Hektik an den Tag legen. Stand die Anzeige am Wochenende in der Zeitung und am Montag liegen Ihre Unterlagen bereits auf dem Tisch der Personalabteilung, könnte man den Eindruck gewinnen, dass Sie es entweder besonders nötig haben oder aber Ihre Unterlagen am Fließband verschicken – und deswegen fertig zusammengestellt vorrätig haben. Dies wäre sowieso ein fataler erster Eindruck (siehe Exkurs I: Die perfekte Bewerbungsmappe). Darüber hinaus nähmen Sie sich selbst die Zeit, das Geschriebene noch einmal zu überdenken und – ganz wichtig – von einer Person Ihres Vertrauens gegenlesen zu lassen. Und das nicht nur zur Kontrolle von Rechtschreibung und Zeichensetzung, sondern auch in Bezug auf die Logik. Ein unbeteiligter Dritter erkennt am besten, ob alle Argumente schlüssig sind.

Andererseits sollten Sie nicht zu lange mit der Antwort warten. Denn sonst erwecken Sie möglicherweise den Eindruck, dass Sie an der

Stelle nicht wirklich interessiert sind. Als absolutes Maximum gelten unter Personalern zwei Wochen. Der günstigste Zeitpunkt ist Mitte bis Ende der ersten Woche, nachdem das Inserat erschienen ist.

Einige Bewerbungs- und Karriereberater raten dazu, vor dem Verschicken von Unterlagen erst einmal beim Inserenten anzurufen. Dies hat in der Tat den Vorteil, dass später im Anschreiben auf das bereits stattgefundene Gespräch Bezug genommen werden kann. Allerdings sollte Ihnen klar sein, dass der Griff zum Telefon nur sinnvoll ist, wenn er gut vorbereitet wurde. Sie könnten mit konkreten Fragen konfrontiert werden und sich unvermittelt in einem ersten Vorstellungsgespräch befinden. Das bedeutet: Bevor Sie zum Hörer greifen, müssen folgende Dinge geklärt sein:

- Sie sollten sich grob über das Unternehmen informiert haben und begründen können, warum Sie ausgerechnet dorthin wollen.
- Sie sollten grob darstellen können, warum Sie für die ausgeschriebene Position geeignet sind und welche Qualifikationen Sie insgesamt mitbringen.

Und ganz wichtig: Starten Sie einen solchen Anruf nur, wenn im Inserat Ansprechpartner und Telefonnummer genannt sind. Ist dies nicht der Fall, sind Anrufe auch nicht erwünscht, und es wäre vergebene Liebesmüh, Ansprechpartner und Anschluss zu recherchieren.

Praxistipp I: die perfekte Bewerbung auf Papier

„Für den ersten Eindruck gibt es keine zweite Chance": Dieser im Zusammenhang mit dem Bewerbungsprozess immer wieder genannte Klassiker gilt auch und gerade für die äußere Form der Bewerbungsmappe. Personaler haben nicht viel Zeit, deshalb sollte sie handlich sein. Die meisten bevorzugen Schnellhefter, möglichst in gedeckten Farben. Flecken, Knicke und auch Kopierschatten sind tabu. Einen optimalen Eindruck hinterlässt die Mappe, wenn durchgängig das gleiche, möglichst hochwertige Papier (mindestens 80 Gramm) verwendet wird. Vier Elemente sollten in jedem Fall enthalten sein: Anschreiben, Lebenslauf, Anlagen und Foto. Das Lichtbild darf zwar, wie bereits erwähnt, heute nicht mehr zwingend gefordert werden, dennoch gehört es in Deutschland nach wie vor zum Standard.

Herzstück: das Anschreiben

Das erste, was ein potenzieller Arbeitgeber von Ihnen zu sehen bekommt, ist das Anschreiben. Ihre Visitenkarte. Entsprechend groß ist die Bedeutung dieser maximal ein bis anderthalb Seiten. Hier zeigt sich, ob Sie die Anzeige wirklich ernsthaft gelesen haben. Ihr Einstieg ist nur dann perfekt, wenn er genau auf die ausgeschriebene Position zugeschnitten ist. Etwa eine halbe Minute verwenden Personalverantwortliche im ersten Schritt für die Sichtung einer Bewerbungsunterlage. Das zeigen diverse Untersuchungen. Überzeugen weder äußere Form noch Anschreiben, wird aussortiert.

Umso erstaunlicher ist, dass gerade dieses wesentliche Element von vielen Bewerbern unterschätzt wird. Häufig wiederholen sie im Anschreiben lediglich, was bereits im Lebenslauf oder in den Zeugnissen steht. Vorsicht also mit Musterbriefen, auch wenn diese immer wieder in Bewerbungsratgebern zu finden sind. Wer einen Standardbrief entwirft und später nur Adresse und Ansprechpartner ändert, hat schon verloren. Erfahrene Personaler merken dies sofort – und werten es als Desinteresse. Offenbar ist der Bewerber nicht ernsthaft bemüht, sich mit dem Unternehmen und der ausgeschriebenen Stelle zu beschäftigen.

■   **Service: Die äußere Form des Anschreibens: Worauf Sie achten müssen**

- Hochwertiges Papier
- Leserliches Layout (Schriftgröße 12 Punkt, Zeilenabstand 1,5 oder doppelt, zwischen den Absätzen eine Leerzeile. Nicht mehr als 25 Zeilen auf eine Seite
- Klarer Schreibstil. Passiv und Nominalstil vermeiden, stattdessen: aktiv formulierte Sätze mit vielen Verben und ohne Füllwörter
- Vollständige Adresse mit Telefonnummer (unter der Sie tagsüber zu erreichen sind) und E-Mail-Adresse

- Ist der Ansprechpartner bekannt, muss er genannt werden. Ist in der Anzeige bewusst kein Name genannt, reicht die Anrede „Sehr geehrte Damen und Herren".
- Ganz wichtig ist die Betreffzeile, aus der eindeutig hervorgeht, auf welche Anzeige (Zeitung, Datum) und welche Position Sie sich bewerben.
- Unterschrift mit blauer oder schwarzer Tinte, darunter die gedruckte Wiederholung des Namens.
- Hinweis auf „Anlagen". Diese müssen aber nicht einzeln aufgeführt werden.

Wichtig ist, dass alle in der Anzeige angeschnittenen Punkte im Anschreiben beantwortet werden, also auch die nach dem nächstmöglichen Eintrittstermin und nach dem Gehalt (siehe auch Kapitel 4, Seiten 130 und 135). Die Geldfrage wird von Bewerbern gern ignoriert, was allerdings ungeschickt ist. Zwar besteht unter Experten Uneinigkeit darüber, ob wirklich immer genaue Summen angegeben werden müssen. Einig ist man sich jedoch darüber, dass die Forderung nicht einfach übergangen werden und auch nicht zu viel gefordert werden darf. Verschiedene Studien haben gezeigt, dass zirka ein Drittel aller Bewerber dermaßen falsch mit ihren Vorstellungen liegen, dass sie den vorgegebenen Gehaltsrahmen nicht treffen – und in der Folge aussortiert werden.

Es ist daher auf jeden Fall sinnvoll, sich vorab über die branchenüblichen Gehälter zu informieren, auch wenn dies nicht unbedingt einfach ist. Denn nicht nur die eigenen Qualifikationen zählen, sondern auch Größe und Standort des Unternehmens, der allgemeine Wert der angestrebten Position und sogar der spezifische Wert, den ein Unternehmen dieser Position zumisst. So kann es Firmenpolitik sein, bestimmten Abteilungen wie Entwicklung oder Vertrieb grundsätzlich mehr zu zahlen.

Den größten Einfluss auf die Höhe des Gehaltes hat in der Regel die Unternehmensgröße. Unternehmen mit 1.000 bis 5.000 Mitarbeitern zahlen im Schnitt ein Fünftel mehr als Unternehmen bis 1.000 Beschäftigte. Großkonzerne legen noch einmal ein Fünftel drauf.

Doch auch die Lage kann eine entscheidende Rolle spielen. Wer von der norddeutschen Provinz in eine Großstadt wie München oder Düsseldorf wechselt, wundert sich mitunter, wie schnell die Gehaltserhöhung vom Alltag aufgefressen wird. Als Faustregel gilt: In Frankfurt, überhaupt dem Rhein-Main-Gebiet, Stuttgart, München oder Düsseldorf wird zehn bis zwanzig Prozent mehr verdient. Hinweise auf aktuelle Gehaltsniveaus finden sich im Internet.

■ Service: Die Gehaltsfrage – Internetseiten, die weiterhelfen

- **www.personalmarkt.de** Gehaltsrechner, bei dem Sie sehr detaillierte Angaben zur derzeitigen oder gewünschten Position machen können (Geschlecht, Ausbildung, Berufserfahrung, Zusatzqualifikationen, Wohnort, Größe des Arbeitgebers, Mitarbeiter oder Budgetverantwortung u.v.m.).
- **www.boeckler.de** Die gewerkschaftsnahe Hans-Böckler-Stiftung stellt, übersichtlich nach Wirtschaftszweigen geordnet, aktuelle Tarifverträge ins Netz.
- **www.nettolohn.de/gehaltsvergleich** Sortiert nach Städten und Berufszweigen.
- **www.gehaltsvergleich.com** Datenbank, mit der Sie Ihren Arbeitsmarktwert mit Menschen gleicher beruflicher Qualifikation vergleichen können.
- **www.gehalts-check.de** Über 500.000 Gehaltsprofile, außerdem Brutto-netto-Rechner, mit dem Sie Ihr Einkommen exakt bestimmen können.

Problematisch kann die Gehaltsfrage auch sein, wenn bislang gut verdienende Fach- und Führungskräfte krisenbedingt wechseln müssen. Wer dann nicht zu den besonders gefragten Spezialisten zählt, aber aufgrund seiner langen Berufserfahrung bereits ein sehr hohes Gehaltsniveau erreicht hat, muss eventuell Einbußen in Kauf nehmen. Insbesondere Produktionsmitarbeiter und Büroangestellte können davon betroffen sein. In solchen Fällen empfiehlt sich Verzicht – und Offenheit. Sprechen Sie vorab das hohe Gehalt an, erläutern Sie aber auch, dass Ihnen klar ist, dass dieses nicht dem aktuellen Rahmen entspricht. Machen Sie dabei unbedingt deutlich, dass die

Gehaltseinbuße für Sie akzeptabel und kein Grund ist, bei nächster Gelegenheit abzuspringen.

Glück haben Sie, wenn in der Anzeige keine Angabe zum Gehaltswunsch gefordert wird. Dann besteht auch keine Notwendigkeit, von sich aus im Anschreiben darauf einzugehen.

Ein weiterer heikler Punkt kann die Forderung sein, Bereitschaft zum Reisen mitzubringen. Vor allem junge Bewerber, aber auch solche, die unter Druck stehen, neigen hier mitunter leichtfertig zur Bejahung – ohne sich wirklich Gedanken über die Konsequenzen gemacht zu haben. Personaler wissen dies und freuen sich daher, wenn aus der Bewerbung ersichtlich wird, dass der Schreiber seine Reiselust bereits unter Beweis gestellt hat.

> **Tipp:** Weil sich in vielen Firmen die Unsitte eingeschlichen hat, eingereichte Unterlagen nicht zurückzuschicken, fordern immer mehr Bewerber inzwischen ausdrücklich zum Rückversand auf. Doch Vorsicht: Wer seine Bewerbung mit dem Satz beendet: „Sollte ich für die ausgeschriebene Position nicht in Frage kommen, bitte ich um Rücksendung der Unterlagen", läuft Gefahr, den Eindruck zu vermitteln, dass er selbst nicht an den Erfolg seiner Bewerbung glaubt. Damit stellen Sie sich selbst keine gute Empfehlung aus. Auch wenn es ans Geld geht – verzichten Sie lieber auf die Unterlagen. Fragen Sie nach ein paar Wochen telefonisch nach dem Stand des Auswahlverfahrens. Ist es beendet, können Sie immer noch um Rücksendung bitten.

Lebenslauf und Anlagen

Mit Ihrem Lebenslauf und dem Zusammensuchen aller relevanten Dokumente haben Sie sich bereits vor Wochen beschäftigt und eine komplette Liste erstellt (siehe Kapitel 1, Was ich biete: Unterlagen vervollständigen, Seite 27 ff.). Für die konkrete Bewerbung müssen Sie die Unterlagen nur noch geschickt zusammenstellen. Grundsätzlich gilt: Kein Standardpaket versenden, sondern ein individuell auf die Position zugeschnittenes. Für den Lebenslauf bedeutet dies, neben den obligatorischen Standardangaben sollten Praktika, Weiterbildungen und lang zurückliegende Auslandsaufenthalte nur dann aufgelistet oder gar näher erläutert werden, wenn Sie im Zusammenhang mit der zu besetzenden Position stehen.

Gleiches gilt normalerweise auch für die Auswahl der Zeugnisse. Packen Sie nicht alles hinein, sondern setzen Sie passende Schwerpunkte. Nur sehr selten werden in einer Anzeige „vollständige Bewerbungsunterlagen" gefordert, was bedeuten würde, dass das suchende Unternehmen tatsächlich alle Zeugnisse seit der Schulzeit sehen möchte. Doch auch in diesem Fall sollten es nicht mehr als 15 verschiedene werden. Wer mehr vorzuweisen hat, sollte aussortieren.

Viel häufiger wird schlicht eine „aussagefähige Bewerbung" verlangt. Das heißt im Klartext: Man interessiert sich nur für Qualifikationen, Nachweise und Arbeitsproben, die für die zu besetzende Stelle auch tatsächlich von Belang sind. Ein Dokument muss allerdings immer beigefügt werden, nämlich der höchste Schul- oder Universitätsabschluss, bei Akademikern also die Diplom-, Bachelor-, Magister- oder Promotionsurkunde. Ebenfalls obligatorisch sind Zeugnisse der letzten Arbeitsstellen.

Sortiert werden die Anlagen nach dem Datum – und zwar rückwärts.

> **Tipp:** Vermeiden Sie gegebenenfalls den passiv wirkenden Begriff „arbeitslos" und beschreiben Sie lieber, was sie stattdessen aktiv gemacht haben. Vielleicht haben Sie Weiterbildungen absolviert oder Marktrecherchen betrieben. Im schlimmsten Fall formulieren Sie „arbeitsuchend".

Einfach: Job-Offerten im Netz

Nicht nur beim Netzwerken, sondern auch bei der direkten Jobsuche setzt sich das Internet immer mehr durch. Dies bestätigt nicht nur die Studie „Bewerbungspraxis 2007" der Universität Frankfurt, der zufolge Internet-Stellenbörsen die Anlaufstelle Nummer eins für Jobsuchende sind. Auch die bereits erwähnte repräsentative BITKOM-Umfrage aus dem Jahr 2009 zeigt: 94 Prozent aller Firmen suchen ihre neuen Mitarbeiter ebenfalls über das Internet. Mittelständler haben in dieser Beziehung in den vergangenen Jahren massiv zugelegt. Mit anderen Worten: Wer sich heute beruflich umorientieren möchte, kommt bei der konkreten Stellensuche am World Wide Web nicht mehr vorbei.

Grundsätzlich gibt es für Bewerber vier Wege, Stellenausschreibungen im Internet aufzutun:

1. Über die Homepage des Unternehmens
2. Über sogenannte Mega-Suchmaschinen, die anhand von Stichpunkten sowohl Firmen-Homepages als auch Jobbörsen durchforsten
3. Über die klassischen Jobbörsen
4. Über Onlinecommunitys

Jobsuche über die Firmen-Homepage

Dass vor allem die Rekrutierung über die eigene Homepage in jüngerer Zeit stark angestiegen ist, hat einen einfachen Grund: Der Wettbewerb um Fachkräfte, insbesondere in technikorientierten Branchen, nimmt stetig zu. Die Unternehmen sind gleichsam gezwungen, ihre Auswahlprozesse so kostengünstig und effektiv wie möglich zu gestalten. Vor allem Großunternehmen schreiben daher mittlerweile 80 Prozent ihrer Vakanzen auf der eigenen Homepage aus, wie die bereits zitierte Monster-Studie zeigt, für die 400 Personalmanager befragt wurden. Das spart Zeit und Kosten – zumal dann, wenn auch die Bewerbung direkt über die Homepage erfolgen kann.

Wer diese Ausschreibungen finden will, muss sich schon lange nicht mehr selbst auf die Suche machen und eine Homepage nach der anderen abklappern, sondern kann auf sogenannte Mega-Suchmaschinen (siehe Service auf Seite 107) zurückgreifen.

Die Jobsuche funktioniert recht einfach. Der User gibt einige wesentliche Suchbegriffe ein, beispielsweise Beruf, Berufsfeld, Einsatzort und Alter der Stellenanzeigen. Daraufhin werden Stellenangebote aufgezählt, in denen alle gewünschten Stichwörter vorkommen. Mitunter arbeiten die Mega-Suchmaschinen mit Partnern zusammen, die überwiegend aus dem Medienbereich stammen.

Service: Effektive Mega-Suchmaschinen

- www.jobturbo.de
  Über 250.000 Stellenangebote aus Online-Stellenbörsen, Tages- und Wochenzeitungen sowie Fachzeitschriften

- www.jobrobot.de
  Bietet den direkten Zugriff auf rund 200.000 Jobs aus mehr als 70 Jobbörsen

- www.jobs.de / www.icjobs.de / www.jobscanner.de
  Durchforsten auch Firmenhomepages

- www.meinestadt.de
  Sucht regional in den Jobangeboten der Arbeitsagenturen

- www.1a-stellenmarkt.de
  Überregionale Jobbörse in Kooperation mit der Bundesagentur für Arbeit

Doch Vorsicht bei standardisierten Online-Formularen: Die Unternehmen sparen mit Personalmanagementsystemen zwar Geld, beispielsweise, indem sie die Erfassung der Bewerberdaten gleich von den Bewerbern selbst machen lassen und die Selektion elektronisch vornehmen. Für die Bewerber kann sich dies jedoch schnell nachteilig auswirken. Wer etwa eine geforderte Abschlussnote um 0,1 Prozent unterbietet, fliegt bei einfachen Systemen raus – gleichgültig, mit welchen Praktika, Auslandserfahrungen oder anderweitigen Qualifikationen er dies leicht hätte wettmachen können.

Umso wichtiger ist es, gerade bei der Bewerbung über Online-Formulare größtmögliche Sorgfalt walten zu lassen und so umfangreich wie nur irgend möglich zu antworten. Fast überall besteht die Möglichkeit, ein individuelles Schreiben anzufügen, oft auch einen Lebenslauf. „Manchmal misstraue ich selbst dem elektronischen System – mitgelieferte Dokumente schaue ich mir daher gerne an“, verrät ein Insider, Recruiter bei einem deutschen Energiekonzern. Mit dieser Ansicht steht er nicht alleine da.

■ **Service: Richtig bewerben mit Online-Formular**

Sorgfältig vorbereiten Bevor Sie sich einloggen, sollten Sie alle klassischen Unterlagen digitalisiert haben. Oft ist am Anfang nicht ersichtlich, welche Dokumente hochgeladen werden können – oder sogar müssen.

Umfassend ausfüllen Immer alle Felder bearbeiten, auch solche, die nicht obligatorisch sind. Sparen Sie nicht mit Informationen. Auch Hobbys oder ehrenamtliche Tätigkeiten sagen etwas aus.

Schlüsselwörter verwenden Überlegen Sie sich vorab, nach welchen Schlüsselwörtern das System sortieren könnte. Setzen Sie diese ein.

Sorgfältig arbeiten Achten Sie auf Rechtschreibung und Stil. Lesen Sie mehrfach Korrektur. Bei vielen Systemen sind nachträgliche Korrekturen nicht mehr möglich.

Jobsuche über Internet-Jobbörsen

Genauso häufig wie über die eigene Homepage suchen Unternehmen über Internet-Jobbörsen. Noch vor zehn Jahren eine kleine Randerscheinung auf dem Jobmarkt, ist das Angebot inzwischen nahezu unüberschaubar. Wie bei fast allen Internetangeboten gilt auch hier: Die Landschaft verändert sich ständig. Schätzungen zufolge gibt es derzeit über 1.000 Börsen allein für Deutschland, die überwiegende Zahl davon auf bestimmte Branchen, Berufsgruppen oder Gebiete begrenzt. Tendenz: weiter steigend – wobei die Qualität sehr unterschiedlich sein kann. Die nachfolgend aufgeführten Jobbörsen können daher nur eine Momentaufnahme sein und als erster Anhaltspunkt gelten. Grundsätzlich gilt für den Umgang die Empfehlung, zunächst einmal eine Reihe virtueller Stellenmärkte auszuprobieren, sich aber letztlich auf zwei bis drei zu konzentrieren, in diese wirklich einzuarbeiten und sie langfristiger zu verfolgen. Auswahlkriterien sollten dabei in erster Linie Aktualität der eingestellten Jobangebote sowie eine einfache Handhabung sein, mit der Sie persönlich zurechtkommen.

■ Service: Bekannte Jobbörsen

http://jobboerse.arbeitsagentur.de
Die Jobbörse der Bundesagentur für Arbeit gilt als das größte
Online-Jobportal in Deutschland.

www.monster.de, www.jobpilot.de
Ursprünglich unabhängig voneinander gestartet und später vom
Schweizer Personaldienstleister Adecco gekauft, gehört Jobpilot.
de seit April 2004 zur Monster Worldwide Deutschland GmbH,
welche wiederum Teil des amerikanischen Monster-Konzerns ist.
Monster Worldwide, Inc. ist in annähernd 50 Ländern vertreten,
was bedeutet, dass das Portal auch viele Angebote aus dem Ausland listet.

www.stepstone.de / www.jobware.de
Weitere Anbieter mit vielen Stellenangeboten aus dem Ausland

www.stellenanzeigen.de
Große Jobbörse; Angebot übersichtlich nach Berufsfeldern gegliedert

www.jobjet.de / www.stellenmarkt.de
Große Portale mit vielen Serviceangeboten und Karrieretipps

www.arbeit-regional.de / www.jobsintown.de
Zwei Anbieter, die nach Regionen sortieren.

www.executivebase.com / www.experteer.de
Zwei Börsen, die sich auf Führungskräfte und Manager konzentrieren.

www.neustart50plus.de / www.expertia.de
Gezielte Angebote für ältere Arbeitnehmer, teilweise mit Spezial-
kenntnissen

www.profiplaza.de
Berufsplattform für hochqualifizierte Mütter

www.jobstairs.de
Stellenportal großer deutscher Unternehmen

- www.kreaktivejobs.de
  Stellenangebote mittelständischer Unternehmen
- www.stellenblatt.de
  Ausschreibungen des öffentlichen Dienstes

Eine Übersicht über weitere, auch auf bestimmte Berufsgruppen begrenzte Stellenbörsen gibt es unter www.stellenboersen.de.

Neben der aktiven Suche bieten die meisten Anbieter außerdem die Möglichkeit, selbst ein Stellengesuch zu veröffentlichen. In der Regel ist dies kostenlos und sollte daher auch genutzt werden. Dennoch sollten Sie keine allzu großen Hoffnungen darauf setzen. Auch wenn das Interesse in den Personalabteilungen mittlerweile zugenommen hat, fehlt häufig die Zeit. Eher sind es Headhunter oder andere Personaldienstleister, die die Daten durchforsten.

> **Tipp:** Wenn Sie selbst ein Gesuch einstellen möchten, erkundigen Sie sich, wie groß die Hürden sind, die suchende Unternehmen überwinden müssten, um Sie zu finden und Kontakt mit Ihnen aufzunehmen. Bei einigen der gängigen Börsen sind hierzu regelrecht Schulungen notwendig. Außerdem entstehen mitunter bereits für die reine Suche nach Schlüsselwörtern Kosten – ohne dass der Suchende zu diesem Zeitpunkt bereits erkennen kann, ob der Kandidat wirklich passt. Kleinere Unternehmen schrecken solche Vorgaben ab.

Praxistipp II: die perfekte Online-Bewerbung

Print-Stellenausschreibungen müssen nicht zwangsläufig auf Papier beantwortet werden. Genauso gilt natürlich auch der Umkehrschluss: Nicht alle Unternehmen, die online inserieren, freuen sich auch über Online-Antworten. Dennoch ist die Wahrscheinlichkeit sehr hoch.

Noch immer gibt es Jobsuchende, die glauben, dass an diese Bewerbungsart weniger strenge Maßstäbe angelegt werden als an die Papierform. Das ist jedoch falsch. Grundsätzlich muss bei der Erstellung einer Online-Bewerbung genauso viel Zeit und Sorgfalt aufgewendet werden wie bei einer Papierbewerbung. Das Anschreiben darf zwar etwas kürzer ausfallen, dennoch muss es alle wichtigen Fragen beantworten. Massenmailings sind für den elektronischen Weg ebenso tabu wie für den klassischen.

Auch Lebenslauf und Zeugnisse sollten nach denselben Kriterien gestaltet beziehungsweise ausgewählt werden wie bei einer Papierbewerbung. Eine Ausnahme gibt es allerdings: Für Online-Bewerbungen gilt „Weniger ist mehr". Kein Personaler hat Zeit und Lust, 15 Anhänge zu öffnen – umso weniger, wenn er die Dateien erst mühsam entpacken muss. Deren Komprimierung sollte also ebenso vermieden werden wie die Verwendung zu großer Dateien oder unkonventioneller Formate. Gängig sind „.doc", „.txt" oder „.pdf". Aus Angst vor Viren und mitunter auch einfach deshalb, weil die entsprechenden Programme auf dem Computer des Empfängers nicht installiert sind, werden unbekannte Dokumente in der Regel gar nicht erst geöffnet.

Tipp: Geben Sie in einer Online-Bewerbung immer Ihre E-Mail-Adresse an. Verwenden Sie aber niemals die Adresse Ihres derzeitigen Arbeitgebers. Sie wissen nicht, wer mitliest; außerdem sorgt ein solches Vorgehen bei einem potenziellen neuen Arbeitgeber für Unwohlsein.

Jobsuche über Onlinecommunitys

Noch relativ neu ist die aktive Jobsuche über Onlinecommunitys – dennoch kann sie bereits heute sehr effektiv betrieben werden. Nicht nur, dass die Großen wie Xing oder LinkedIn mittlerweile sogar eigene Tipps im Netz stehen haben, um die Recherche zu erleichtern. Auch die Firmen entdecken diesen Weg zunehmend und integrieren ihn in ihre „Mitarbeiter werben Mitarbeiter"-Programme. Konkret – beispielsweise bei der E-Plus-Gruppe – sieht das so aus, dass nicht nur die Personalabteilung, sondern alle teilnehmenden Mitarbeiter auf ihrem eigenen Profil die Stellenanzeigen des Unternehmens posten und Anfragen gezielt weiterleiten.

Grundsätzlich birgt die Suche über Onlinecommunitys verschiedene Möglichkeiten:

1. Zunächst einmal können Sie ganz banal Unternehmen nach verschiedenen Branchen (z.B. „Architektur und Bauwesen" oder „E-Learning") herausfiltern. Bei Xing beispielsweise erfahren Sie dann sofort, wie viele Mitarbeiter eines Unternehmens in dem Netzwerk gelistet sind, und können mit ihnen Kontakt aufnehmen.

2. Anders herum können Sie über die Suchfunktionen der Netzwerke auch nach Personen fahnden, die ähnliche Qualifikationen haben wie Sie. Dabei erfahren Sie quasi nebenbei, wo diese angestellt (und damit Ihre Qualifikationen gefordert) sind. Selbstverständlich können Sie diese Suche auch noch regional eingrenzen. Über welchen Weg Sie dann an interessante Unternehmen herantreten, bleibt Ihnen überlassen. Eine Option ist die direkte Kontaktaufnahme mit dem gefundenen Mitarbeiter. Doch Vorsicht: Beachten Sie dabei den Verhaltenskodex des betreffenden Netzwerkes. Xing beispielsweise erlaubt das direkte Anschreiben nur, wenn die Anfrage einen Bezug zum Profil des Mitgliedes hat – dieses also beispielsweise unter „Ich biete" offene Positionen seines Unternehmens ausschreibt. Eventuell kann es sinnvoller sein, eine E-Mail-Anfrage an die Personalabteilung zu stellen oder Bewerbungsunterlagen zuzuschicken.

3. Manchmal (beispielsweise bei LinkedIN) besteht außerdem die Möglichkeit zu recherchieren, wo Mitarbeiter früher beschäftigt waren (z.B. „Laufbahn von Mitarbeitern von Siemens vorher") oder wohin sie von einem bestimmten Unternehmen aus gewechselt sind (z.B. „Laufbahn von Mitarbeitern von Siemens nachher").

4. Sinnvoll ist auch die gezielte Suche nach Unternehmen, die derzeit auf der Suche nach Mitarbeitern sind. Dies geht bei vielen Netzwerken über die Suchmaske und die Eingabe des Begriffs „Neue Mitarbeiter". Hier können Sie dann das gefundene Mitglied direkt anschreiben.

5. Ebenfalls über die Suchfunktion lassen sich natürlich auch Funktionsträger finden. Geben Sie „Personal" ein und gelangen so direkt zu den relevanten Personen.

6. Der beste Weg zu Personalleitern führt natürlich über Personen, die Sie kennen. Durchforsten Sie daher immer zuerst die Kontakte Ihrer Kontakte (siehe hierzu auch Kapitel 1, Was ich zeige: Selbstmarketing betreiben, Seite 35 ff.) und bitten Sie dann Ihren direkten Kontakt, einander vorzustellen.

Effektiv: Jobmessen richtig nutzen

Eine sehr gute Möglichkeit der aktiven Jobsuche bieten seit rund zehn Jahren die sogenannten Jobmessen. In der Tat funktionieren sie wie ganz normale Messen. Nur dass nicht Waren, sondern Jobs angeboten werden – und darüber hinaus oft sogar noch viele Serviceleistungen für Bewerber, angefangen bei hochkarätigen Vorträgen rund um die Themen „Karriereplanung" und „Bewerbung" über Checks von Unterlagen bis hin zu Seminaren oder Coachings. Gab es bis vor ein paar Jahren nur wenige Veranstalter, die sich dazu überwiegend um Hochschulabsolventen kümmerten, buhlen mittlerweile mehrere Dutzend Anbieter um Firmenkunden und Jobsuchende. Wobei die überwiegende Anzahl ihre Leistungen für Bewerber kostenlos oder gegen eine geringe Aufwandsentschädigung anbietet.

Auch wenn die Kosten überschaubar sind, sollte der Besuch einer Jobmesse mit Bedacht erfolgen, denn die Ansätze sind sehr verschieden. Das Angebot reicht von vollkommen offenen Veranstaltungen ohne Schwerpunkt, die sich an möglichst viele Bewerber richten, bis hin zu sehr exklusiven Events mit hohen Zugangsbeschränkungen für Jobsuchende. Selbstredend variieren auch die Intentionen der teilnehmenden Unternehmen.

Auf den Massenevents geht es in der Regel darum, ein Unternehmen allgemein als attraktiven Arbeitgeber zu präsentieren. Einstellungen werden zwar nicht ausgeschlossen, stehen aber nicht unbedingt im Vordergrund. Darum finden vor Ort keine wirklichen Vorstellungsgespräche statt, sondern eher lose Kontaktaufnahmen. Die Messebesucher werden über die grundsätzlichen Möglichkeiten informiert. Sind sie interessiert, bekommen sie Kontaktadressen, an die dann konkrete Bewerbungsunterlagen gesendet werden können – was manchen Besucher enttäuscht. „ Die Damen und Herren hinter dem Tresen haben keine Befugnisse, zum Bewerbungsgespräch einzuladen", beschwerte sich beispielsweise ein enttäuschter Besucher in einem Leserbrief an die Redaktion der WirtschaftsWoche, die vorher den Besuch solcher Events empfohlen hatte. Solche Messen machen in der Regel nur dann Sinn, wenn es auch dem Besucher in erster Linie um unverbindliche Informationen geht. Zu den Events, die in diese Kategorie fallen, gehören die Barlag-Jobmessen oder auch der Absolventenkongress in Köln.

Wer wirklich Gespräche führen möchte, sollte sich eher für Veranstaltungen mit Zugangsbeschränkungen für Bewerber entscheiden. Unternehmen, die dort teilnehmen, haben meist wirklich offene Positionen zu besetzen. Außerdem müssen auch die Räumlichkeiten und die teilnehmenden Unternehmensvertreter auf Gesprächssituationen eingestellt sein. Findet der gesamte Event in einer Halle statt, ist dies eher unwahrscheinlich, denn vertrauensvolle Gespräche können nur stattfinden, wenn Rückzugsmöglichkeiten gegeben sind. Ist der Stand außerdem nur mit Vertretern des Personalmarketings besetzt, zeigt dies Desinteresse an wirklichen Einstellungen. Am effektivsten verlaufen Veranstaltungen in der Regel, wenn die suchende Fachabteilung vor Ort ist, denn nur sie kann beurteilen, ob jemand alle geforderten Qualifikationen mitbringt und ob er ins Team passt.

Mindestens ebenso wichtig wie die Wahl der richtigen Veranstaltung ist aber auch die eigene Vorbereitung. Anders als bei Papier- oder Online-Bewerbungen, bei denen die Vorauswahl anhand vorgegebener Kriterien erfolgt, bieten Messen die einmalige Chance, kraft der Gesamtpersönlichkeit zu überzeugen – und damit möglicherweise kleine Mankos auszugleichen, die bei der Papierform schnell ins Off führen könnten. Voraussetzung dafür ist allerdings, dass die kurze Begegnung am Stand auch wirklich optimal genutzt wird. Wer erst dreimal um einen Stand herumschleicht, beim Gesprächseinstieg hilflos stottert und womöglich gar nicht weiß, mit welchem Unternehmen er es zu tun hat, hat schon verloren. Die Frage „Was machen

Sie denn eigentlich?" ist allenfalls auf reinen Infoveranstaltungen geduldet. Geht es wirklich um Recruiting, hat sie zu unterbleiben.

Gute Vorbereitung ist der halbe Job

Wer den Bewerbungsweg Messe wählt, braucht hierzu exakt dieselben Vorabinformationen wie für eine normale Bewerbung – und noch Einiges darüber hinaus. Im Idealfall soll durch eine Jobmesse der Rekrutierungsweg verkürzt werden. Dies bedeutet: Bekommt man tatsächlich vor Ort Gelegenheit für ein ernstes Gespräch, hat dies den Charakter eines Vorstellungsgespräches und es werden auch dieselben Fragen gestellt. Mit anderen Worten: Sie sollten sich darauf ebenso intensiv vorbereiten. Konkret bedeutet das:

1. **Sammeln Sie alle verfügbaren Informationen:** Klären Sie, welche Firmen anwesend sein werden und für welche von ihnen Sie sich interessieren. Informieren Sie sich bereits vorab über diese Unternehmen und – soweit möglich – auch über deren offene Positionen. Bleibt dabei etwas unklar, dürfen Sie die Gelegenheit nutzen, anwesende Firmenvertreter danach zu fragen – aber konkret.

2. **Schärfen Sie Ihr Profil:** Wie bei der Formulierung einer Papierbewerbung überlegen Sie vorab genau, warum Sie zu dem avisierten Unternehmen passen. Prägen Sie sich prägnante Stichworte zu Ihrem Werdegang, zu Ihren Fähigkeiten und Ihren Karrierewünschen ein und üben Sie, diese prägnant darzustellen. Auf großen Veranstaltungen, auf denen das Gespräch nur am Stand stattfindet, bleiben mitunter nicht mehr als fünf bis zehn Minuten für die Selbstdarstellung. Wollen Sie trotzdem auffallen, muss Ihr Auftritt passen. Das können Sie durchaus vorher üben. Werden Sie direkt zum Hintergrundgespräch eingeladen, sollten Sie noch mehr zu sagen haben. Auch hierzu sollten Sie sich vorher Gedanken machen.

3. **Halten Sie individuelle Unterlagen bereit, aber drängen Sie sie nicht auf:** Fertigen Sie zu jedem interessanten Unternehmen

eine passgenaue Bewerbungsmappe an. Dieser Aufwand macht Eindruck und unterstützt den Gesprächsablauf. Drängen Sie Ihre Unterlagen aber nicht auf. Oft reisen die Firmenvertreter mit dem Zug an und wollen sich den Rückweg nicht mit Unmengen von Bewerbungsmappen erschweren. Ist man ernsthaft an Ihnen interessiert, wird man Ihnen einen Kontakt nennen, an den Sie die Mappe im Nachgang schicken können, oder Sie zur elektronischen Eingabe Ihrer Daten auffordern. Hilfreich ist es, zusätzlich zur umfassenden Bewerbung einen kurzen Lebenslauf mit allen Kontaktdaten bereitzuhalten.

4. **Achten Sie auf Ihr Outfit:** Gerade in Bezug auf die Kleiderordnung herrschen in Sachen Jobmessen oft Missverständnisse. Von den reinen Info-Events einmal abgesehen, gibt es eine eindeutige Regel: Wählen Sie Ihre Kleidung so, wie Sie in der entsprechenden Branche auch zu einem Vorstellungsgespräch gehen würden. Jeans und Shirt werden allenfalls noch in der IT-Branche geduldet – und selbst dort schaden Anzug oder Businesskostüm nicht.

5. **Nutzen Sie Terminvereinbarungen – und halten Sie sie auch ein:** Gibt es die Möglichkeit, vorab Termine zu vereinbaren, sollten Sie dies nutzen – insbesondere dann, wenn es direkt von den Veranstaltern angeboten wird. Zwar ist damit meist ein höherer Aufwand verbunden, beispielsweise der Eintrag in eine Datenbank, die Effektivität wird jedoch enorm erhöht. Wird es nicht angeboten, können Sie natürlich selbst aktiv werden und versuchen, vor dem Messebesuch Kontakt mit Ihren Zielfirmen aufzunehmen und sie um einen Gesprächstermin zu bitten. Das ist zwar nicht bei jeder Firma und Messe möglich, verbessert aber die Chancen auf ein effektives Gespräch erheblich. Dabei ist es ganz wichtig, dass Sie die Termine einhalten. Wird ein entsprechender Aufwand betrieben, sehen auch die teilnehmenden Unternehmen fixe Termine als genauso verbindlich an wie herkömmliche Einladungen zu Vorstellungsgesprächen. Wer nicht kommt, landet auf der schwarzen Liste.

■ Service: So finden Sie die richtige Messe

- Hinterfragen Sie Ihr Ziel. Geht es um Information oder um Bewerbung?
- Die Räumlichkeiten geben Hinweise auf die Intention der Veranstaltung.
- Wenn Sie sich wirklich vorstellen wollen, erkundigen Sie sich vorab beim Veranstalter, welche Kontaktpersonen vor Ort sind.
- Eruieren Sie, ob es Informationen zu den zu besetzenden Positionen gibt.
- Beachten Sie die Schwerpunktsetzung. Geht es um eine Branche oder um Berufsgruppen? Als Marketingexperte sind Sie auf einem „Spezialistentag Engineering" falsch, auch wenn Sie in die Automobilbranche wollen.

Die bekanntesten deutschen Jobmessen

Um Ihnen die Auswahl zu erleichtern, werden die größten und bekanntesten Events auf den nachfolgenden Seiten kurz vorgestellt. Zusätzlich gibt es kleinere Anbieter, oft direkt an den Hochschulen, die sich ausschließlich auf Studenten und Absolventen konzentrieren – auf ihre Darstellung wurde hier bewusst verzichtet.

Branchenübergreifende Anbieter:

Absolventenkongress
Staufenbiel GmbH
Events & Recruiting Solutions
Telefon für Studenten 0 69/2 55 37–1 64
Telefon für Firmen 0 69/2 55 37–0
info@absolventenkongress.de
www.absolventenkongress.de
Auf einen Blick Größte Jobmesse in Deutschland, die jeweils im November in Köln stattfindet. Mehrere hundert Aussteller aller Branchen
Zielgruppe Studenten, Absolventen und Young Professionals

Eintritt An der Tageskasse 18 Euro für zwei Tage (ein Tag: 15 Euro), frühzeitige Anmeldung kann den Eintritt auf 7 Euro reduzieren.

Absolventenmesse Mitteldeutschland
Wirtschaftsinitiative für Mitteldeutschland
Telefon 03 41/6 00 16–0
kontakt@absolventenmesse-mitteldeutschland.de
www.absolventenmesse-mitteldeutschland.de/
Auf einen Blick Neue Veranstaltung, die von der Wirtschaftsinitiative für Mitteldeutschland veranstaltet wird und sich auf Unternehmen aus Sachsen, Sachsen-Anhalt und Thüringen fokussiert.
Zielgruppe Studenten, Absolventen und Young Professionals
Eintritt 10 Euro (Studenten, Auszubildende und Arbeitslose die Hälfte)

CampusChances
CampusConcept Deutschland GmbH & Co. KG
Telefon 07 00/08 45 22 12
info@campusconcept.de, www.campuschances.de/de/1.html
Auf einen Blick Überregionale Karrieremesse mit Voranmeldung, aber ohne Terminierung. Findet in verschiedenen deutschen Großstädten statt.
Zielgruppe Studierende, Absolventen, Young Professionals
Eintritt Nein

Career Venture u.a.
MSW & Partner Personalberatung für Führungsnachwuchs GmbH
Telefon 0 61 51/3 91 91–0
mail@msw-partner.de, Internet www.msw-partner.de
Auf einen Blick MSW & Partner ist eigentlich auf Personalberatung spezialisiert, bietet in verschiedenen deutschen Städten aber auch Recruiting-Events an.
Zielgruppe Absolventen, Referendare und Young Professionals
Eintritt Nein, aber der Bewerber muss sich vorher registrieren, sonst kommt er nicht rein.

Job40plus GbR
Telefon 0 89/41 61 07 78–0
info@job40plus.de, www.job40plus.de

Auf einen Blick Ein neuer Anbieter, der sich – wie der Name andeutet – an qualifizierte Arbeitnehmer ab 40 richtet. Bislang hat es diese Gruppe auf dem Arbeitsmarkt noch relativ schwer, doch die Situation ändert sich. Der „War for talent" wird sich in den nächsten Jahren verschärfen und auf ältere Spezialisten ausdehnen. Auf diesem Event präsentieren sich innovative Firmen, die die Zeichen der Zeit erkannt haben und sich gezielt um qualifizierte Arbeitnehmer ab 40 bemühen. Zudem gibt es ein sehr umfangreiches, speziell auf die Zielgruppe zugeschnittenes Serviceprogramm. Vorabterminierung von Vorstellungsgesprächen ist teilweise möglich.

Zielgruppe Fach- und Führungskräfte ab 40

Eintritt 10 Euro

Jobmesse Deutschland

Barlag Werbe- & Messeagentur GmbH

Telefon 05 41/4 40 45-0

www.jobmessen.de/barlag/index/index.php

Auf einen Blick Neuer Anbieter, der durch Deutschland tourt und alle Branchen anspricht

Zielgruppe Alle Berufe, vom Auszubildenden bis zum Rentner, der einen Nebenjob sucht

Eintritt Nein

KarriereStart

Ortec Messe und Kongress GmbH

Telefon 03 51/31 53 30

info@ortec.de, www.ortec.de und www.messe-karrierestart.de

Auf einen Blick Die KarriereStart ist mit den Schwerpunkten Berufs-orientierung, Ausbildung und Studium, Bildung und Beruf internatio-nal, berufliche und private Weiterbildung, Personaldienstleistung sowie Existenzgründung und Franchising die führende Messe in Sachsen sowie Mitteldeutschland.

Zielgruppe Jugendliche in der Berufsorientierungsphase, Absolventen und Berufseinsteiger sowie Besucher jeden Alters, die sich weiterbilden oder beruflich neu orientieren möchten.

Eintritt 5 Euro (ermäßigt 3,50 Euro)

Talents
bmv Consulting GmbH
Telefon 0 40/21 90 83–50
info@talents.de, www.talents.de
Auf einen Blick Die Veranstalter sitzen in Hamburg, doch der mehrtägige Event findet jedes Jahr im August in München statt. Ein Großteil der Gespräche wird vorab terminiert.
Zielgruppe Absolventen und Young Professionals
Eintritt Nein, aber Voranmeldung bzw. Registrierung vor Ort sind ein Muss

Anbieter, die sich mit ihren Events jeweils auf bestimmte Branchen oder Berufsfelder konzentrieren

Akademika – Die Jobmesse
WiSo-Führungskräfte-Akademie Nürnberg (WFA)
Telefon 09 11/9 51 17–2 82
info@wfa-akademie.de, www.wfa-akademie.de, www.akademika.de/
Auf einen Blick Zweitägige Veranstaltung im Messezentrum Nürnberg mit Firmen und Nachwuchskräften aus zukunftsbestimmenden Fachrichtungen
Zielgruppe Im Wesentlichen junge Ingenieure, Informatiker und Wirtschaftswissenschaftler
Eintritt Nein

Access
access KellyOCG GmbH
Telefon 02 21/95 64 90–0
info@access.de, www.access.de,www.access.de/events/alle-events
Auf einen Blick Access organisiert nicht nur Career Events, sondern betreibt auch Personalberatung, Talent Marketing, E-Recruiting, Recruitment Process Outsourcing (RPO), Contingent and Workforce Outsourcing (CWO). Die Recruiting-Events konzentrieren sich jeweils auf eine bestimmte Branche, haben eher den Charakter von Workshops, sind mehrtägig und sehr exklusiv. Die Teilnehmer müssen sich bewerben.
Zielgruppe In erster Linie Absolventen, aber auch Young Professionals
Eintritt Ja (Unkostenbeitrag für Unterbringung und Verpflegung)

Career T.I.M.E.

Career T.I.M.E. GmbH

Telefon 0 61 96/47 22–9 00

info@careertime.de, www.careertime.de

Veranstaltungsliste unter www.managementcircle.de/deutsch/leistun gen/career.php?C_RUBRIK=111&navanchor=1110000&cid=agaCT

Auf einen Blick Die Career T.I.M.E. GmbH ist ein Unternehmen der Management Circle Gruppe und fokussiert sich im Wesentlichen auf Seminare, mitunter finden aber auch Messen statt. Schauplatz der Events sind verschiedene deutsche Städte, Österreich und die Schweiz. Sie sind branchenübergreifend, konzentrieren sich aber auf bestimmte Berufsfelder, wie aus dem Kürzel T.I.M.E. hervorgeht, also Telekommunikation, Informationstechnologie, Multimedia und E-Commerce.

Zielgruppe Absolventen und Wechselwillige mit Berufserfahrung

Eintritt Je nach Veranstaltungsform unterschiedlich

JOBcon / JURAcon

IQB Career Services AG

Telefon 0 69/79 40 95-0

E-Mail (immer direkt an zuständige Ansprechpartner, die auch auf der Homepage aufgelistet sind), www.iqb.de

Auf einen Blick IQB organisiert sowohl Hochschulmessen (meet@ …) direkt an den Universitäten als auch Personalmessen. Die Personalmessen sind branchenspezifisch ausgerichtet (z.B. JURAcon) und finden in verschiedenen deutschen Städten statt. Das Unternehmen entstand aus der Initiative für Qualifikation und Bildung (IQB), die ursprünglich weitgehend von Studenten getragen war. Aus diesem Grund wurden ursprünglich auch nur Studenten angesprochen. Inzwischen gilt dies jedoch nicht mehr.

Zielgruppe Absolventen und Young Professionals

Eintritt 10 Euro; wer sich vorab registrieren lässt, hat freien Eintritt

jobvector career day

jobvector/Capsid GmbH

Beratungstelefon 02 11/30 13 84–01

support@jobvector.com, www.jobvector.com/ger_ontour.php3

Auf einen Blick jobvector bettet seine Recruitingevents in naturwissenschaftlich orientierte Leitmessen ein, beispielsweise in die analytica in München, in die Biotecnica in Hannover oder die Chem-Med in Mailand.
Zielgruppe überwiegend Studenten
Eintritt Nein

T5 JobMesse (auch: T5 Futures)
T5 Interface GmbH
Telefon 0 70 31/2 85 19–0
info@t5-interface.de, www.t5-futures.de
Auf einen Blick Spezifische Veranstaltung für Unternehmen aus den Branchen Biotechnologie, Chemie, Pharmazie, Life Science und Medizintechnik
Zielgruppe Absolventen, Doktoranden und Berufserfahrene
Eintritt Nein

VDI Recruiting Tag
VDI Verlag GmbH
Kerstin Ernst, Telefon 02 11/61 88–374
Silvia Becker, Telefon 02 11/61 88–1 70
kernst@vdi-nachrichten.com, sbecker@vdi-nachrichten.com
Auf einen Blick Der VDI Recruiting Tag ist ein Zusatzangebot des VDI-Verlages, der auch die VDI-Nachrichten rausgibt. Daraus ergibt sich auch die Konzentration aufs Engineering.
Zielgruppe Qualifizierte Ingenieure jeden Alters
Eintritt Nein

Ausländische Veranstalter

Career Calling
WU ZBP Career Center
Telefon 00 43/13 13 36-49 68
www.zbp.at, www.careercalling.at
Auf einen Blick Österreichs größte Karrieremesse findet in verschiedenen Städten statt.
Zielgruppe Studierende, Absolventen und Young Professionals aus Wirtschaft, Technik und Naturwissenschaften
Eintritt Nein

Wenn Sie sich an einen Personalberater wenden

Eine andere Möglichkeit – vor allem für Fach- und Führungskräfte – ist es, sich direkt an einen Personalberater zu wenden. Grundsätzlich stehen Personalberatungen dem offen gegenüber, wenn Kandidaten sich selbst ins Spiel bringen. Vorausgesetzt, sie tun es richtig. Dies bedeutet zunächst die Ansprache der richtigen Personalberatung. Fast alle Anbieter haben sich auf eine oder mehrere Branchen spezialisiert – wer nicht passt, wird von vornherein aussortiert. Bevor Sie also persönlich Kontakt zu einem Berater aufnehmen, klären Sie zunächst, ob er grundsätzlich der richtige Mann für Sie ist. Anruf genügt.

> **Tipp:** Eine Auflistung deutscher Personalberatungen, übersichtlich sortiert nach Branchen, gibt es u.a. unter www.stellenmarkt.de.

Doch Vorsicht, über eines müssen Sie sich im Klaren sein: Schriftliche Bewerbungen, auch an den richtigen Ansprechpartner gerichtet, bringen zumeist wenig. Wer Glück hat, wird vielleicht in eine Datei aufgenommen. Doch ob Sie jemals wiedergefunden werden? Weit effektiver ist es, den Kontakt persönlich zu suchen, also beispielsweise auf Tagungen oder Messen. Gezielt um Rat bei einer Karrierefrage zu bitten, ist nicht verwerflich, sondern allenfalls eine Frage des Selbstbewusstseins. Entscheidend dabei ist, sich kurz zu fassen, aber tauschen Sie im Nachgang Visitenkarten aus. Und vor allem: Vergessen Sie nicht, einen einmal hoffnungsvoll begonnenen Kontakt auch zu pflegen – auch dann, wenn das Karriere- oder Jobproblem vorerst gelöst ist. Wer sich erst nach Jahren wieder meldet, weil ein (weiterer) Jobverlust unmittelbar bevorsteht, braucht schon viel Glück, dass der Berater sich erinnert. Wer sich schon vorher ein paar Mal gemeldet hat, beispielsweise mit einer Weihnachtskarte oder einem Geburtstagsgruß, hat da weit größere Chancen.

Wichtig: Auch wenn Sie konkret auf Jobsuche sind und Berater durchaus Interesse zeigen, sollten Sie nie zu mehr als vier oder fünf Beratern Kontakt aufnehmen. Denn werden alle aktiv, besteht ansonsten die

Gefahr, dass suchende Unternehmen Ihren Lebenslauf gleich mehrfach feilgeboten bekommen. Das ist höchst kontraproduktiv.

Tipp: Denken Sie unbedingt daran, bevor Sie sich in Datenbanken aufnehmen lassen, Sperrvermerke anzubringen. Sonst kann es passieren, dass Sie gematcht werden und Ihre Bewerbung beim eigenen Arbeitgeber landet.

Ein Aspekt, der im Übrigen auch bei Jobbörsen und einigen Jobmessen, soweit diese mit Datenbanken arbeiten, eine Rolle spielen kann.

■ Service: Die größten Personalberatungen

	Gesamt-umsatz	Honorar-umsatz	Unter-nehmens-wachstum	Anzahl Berater	Anzahl besetzte Positionen
Kienbaum Executive Consultants GmbH	68,00 Mio.	k.a.	4,60%	82	1.971
Egon Zehnder International GmbH	66,40 Mio.	66,40 Mio.	13,50%	50	k.a.
Baumann Unternehmensberatung AG	37,90 Mio.	30,80 Mio.	3,50%	68	1.236
Odgers Berndtson Unternehmensberatung GmbH	34,30 Mio.	30,50 Mio.	-5,00%	30	596
Heidrick & Struggles Unternehmensberatung GmbH & Co. KG	28,20 Mio.	k.a.	0,30%	30	385
Heads! GmbH & Co. KG	23,00 Mio.	23,00 Mio.	9,50%	33	285
Deininger Unternehmensberatung GmbH	22,70 Mio.	21,10 Mio.	4,00%	29	535

Signium International GmbH & Co.	20,90 Mio.	k.a.	k.a.	k.a.	k.a.
Delta Management Consultants GmbH	20,10 Mio.	k.a.	10,00%	20	455
Mercuri Urval GmbH	15,80 Mio.	13,20 Mio.	17,00%	49	379
Gemini Executive Search GmbH	15,30 Mio.	k.a.	0,00%	33	334
Steinbach & Partner	14,15 Mio.	11,13 Mio.	8,00%	38	306
Civitas International	12.00 Mio.	12,90 Mio.	-5,10%	9	155
Dr. Heimeier & Partner Management und Personalberatung GmbH	10,40 Mio.	7,10 Mio.	2,00%	14	264
InterSearch Deutschland GmbH	10,30 Mio.	8,50 Mio.	8,00%	19	360

Quelle: BDU-Studie – Personalberatung in Deutschland 2008/2009

Exkurs: Wenn der Headhunter dreimal klingelt

Es gehört nicht zum Alltag aller Arbeitnehmer, aber wer über Spezialqualifikationen verfügt, dem kann es eben doch passieren (und gerade dann, wenn er gar nicht damit rechnet): Ein Headhunter ruft an. In wirtschaftlich angespannten Zeiten nimmt dieser Weg der Stellenbesetzung zu, denn viele Firmen, die offensiv Arbeitsverhältnisse beenden, trauen sich nicht, gleichzeitig Positionen offen auszuschreiben. Stattdessen wenden sie sich lieber an einen Personalberater, der die Sache diskret angeht.

Doch Vorsicht: Damit der erste Anruf nicht der letzte ist, sollten Sie darauf vorbereitet sein. Dies gilt insbesondere, wenn Sie tatsächlich wechselwillig sind, schadet aber auch in ruhigeren Phasen nicht, denn Kontakte kann man nie genug haben. Die typischen Fehler im Umgang mit Headhuntern lassen sich nur vermeiden, wenn die Überraschung nicht allzu groß ist. Dazu gehören ein erstauntes „Oh, wie kommen Sie gerade auf mich?" ebenso wie unangemessene Plauderei. Vor allem Letztere ist ein weit verbreiteter Fauxpas. Weil sie sich geschmeichelt fühlen, geraten viele Kandidaten sofort ins Erzählen. Das sollten Sie aus zwei Gründen vermeiden: Zum einen entsteht der Eindruck, man habe nur auf einen Abwerbeanruf gewartet, und zum anderen können Informationen schnell an die falsche Person geraten.

Bevor man einem unbekannten Menschen am Telefon wichtige Infos weitergibt, sollte immer zunächst die Seriosität des Anrufers überprüft werden. Dies geht am besten durch einen Rückruf. Headhunter, die hier mauern und die eigene Nummer nicht herausgeben, sind in jedem Fall zu meiden.

Findet der Rückruf statt, sollte er kurz und sachlich vonstatten gehen. Der Headhunter möchte zunächst nur drei Fragen klären:

1. Besteht überhaupt Interesse an einer beruflichen Veränderung?

2. Sind Sie mobil?

3. Und passt die angebotene Position gehaltlich?

Um das Finanzielle zu klären, wird meist der jetzige Verdienst abgefragt, wobei es zunächst nicht um konkrete Zahlen, sondern um die Größenordnung geht. Manche Personalberater nennen in diesem Gespräch auch bereits ihren Auftraggeber. Es ist jedoch nicht ungewöhnlich, wenn ein Name erst im zweiten Gespräch fällt – sofern beide Parteien daran noch Interesse haben.

4. Vorsicht an der letzten Hürde – die Vorstellungsrunde

Vorbereitung und Durchführung

Gratulation. Egal, auf welchem Weg Sie die ersten Hürden genommen haben, fest steht: Sie waren gut. Man ist auf Sie aufmerksam geworden und möchte mehr von Ihnen wissen. Sie haben eine Einladung zu einem Vorstellungsgespräch erhalten und damit das Finale erreicht. Aber auf dem Treppchen stehen Sie noch nicht. Wer glaubt, seine Schäfchen bereits im Trockenen zu haben, der irrt. Nur etwa jeder fünfte, der zu einem ersten Vorstellungsgespräch eingeladen wird, bekommt den Job tatsächlich.

Vor der Höhle des Löwen: Gute Vorbereitung entscheidet

Mit dem Erhalt des Einladungsschreibens geht es erneut an die Fleißarbeit, denn was für das Zusammenstellen von Bewerbungsunterlagen gilt, hat auch für das Vorstellungsgespräch Gültigkeit: Entscheidend ist die Vorbereitung. „Gute Kandidaten erkennt man daran, dass sie interessante und gut strukturierte Fragen stellen", bringt es ein erfahrener Personaler auf den Punkt. Doch das geht nur, wenn bereits ein guter Grundstock an Wissen vorhanden ist.

Wesentliche Informationen über Ihren Gesprächspartner respektive sein Unternehmen haben Sie bereits für die erste Kontaktaufnahme recherchiert. Die Rechtsform Ihres avisierten Arbeitgebers nebst der damit verbundenen faktischen Bedeutung beispielsweise ist Ihnen präsent. Auch die wichtigsten Unternehmenskennzahlen wie Umsatz, Gewinn oder Zahl der Beschäftigten. Und natürlich ist Ihnen auch die Produktpalette beziehungsweise das Dienstleistungsangebot geläufig. Doch wie sieht es mit den Namen aller Vorstände und Geschäftsführer aus? Kennen Sie die genaue Marktstellung? Was wissen Sie über Mitbewerber?

Gute Hintergrundinformationen liefern Dienste wie Genios, German Business Information oder Creditreform. Genios (www.genios.de) ist ein Tochterunternehmen der Frankfurter Allgemeinen Zeitung und der Verlagsgruppe Handelsblatt. Es ist Datenbank und Informationsdienstleister unter einem Dach. Grundlage sind über 1.000 Quellen von fast 250 Verlagen und Content-Partnern. Nicht nur die Presse bedient sich bei ihren Recherchen dieses Angebotes, auch Firmen oder Privatpersonen können Informationen kaufen. Das Angebot reicht von Infos zu bestimmten Personen über Firmendossiers (zwischen 25 und 50 Euro) bis hin zu ganzen Branchenreports. Daneben gibt auch Creditreform (www.creditreform.de) einen guten Überblick über Bonität, Finanzen und Struktur eines Unternehmens und versorgt Sie bei Bedarf mit Firmenprofilen.

Grundsätzlich gilt: Je mehr Informationen Sie vorab recherchieren können, umso besser. Blättern Sie die Infobroschüren also nicht nur flüchtig durch, sondern lernen Sie die Eckwerte tatsächlich auswendig. Denn vor einem müssen Sie sich hüten: Im Vorstellungsgespräch Fragen zu stellen, deren Antworten jedermann auf der firmeneigenen Homepage oder in der Imagebroschüre nachlesen kann. Damit sind Sie sofort aus dem Rennen.

■   **Service: Woher ich Informationen über Unternehmen bekomme**

- Homepage
- Geschäftsberichte
- Telefon-Hotline
- Rankings
- Wirtschaftsdatenbanken

Fragen zur ausgeschriebenen Position und nach Details zum Aufgabengebiet sind dagegen nicht nur geduldet, sondern ausdrücklich gewünscht. Je detaillierter hier jemand nachfragt – umso besser.

Tipp: Wer sich eine Marktrecherche mit Hilfe von Wirtschaftspresse und Branchenverbänden nicht zutraut, kann sie auch professionell erstellen lassen.

Das erste Gespräch:
Genau hinhören, gezielt antworten

Die Vorbereitung darf sich allerdings nicht darin erschöpfen, Unternehmensdaten zu pauken. Mindestens ebenso wichtig ist es, im Vorfeld der persönlichen Begegnung die eigene Person Revue passieren zu lassen. Vor allem zu Gesprächsbeginn werden gern offene Fragen gestellt. Dabei will es gut überlegt sein, mit welchen Ausführungen Sie der Aufforderung „Erzählen Sie doch mal was über sich …" Folge leisten. Listen Sie knapp Ihre wichtigsten Stationen auf, lassen Sie einfließen, welche Schlüsselkompetenzen Sie dabei erworben haben und verschweigen Sie weder Umwege noch kleine Fehltritte. Haben Sie zum Beispiel in den ersten Semestern den Studienplatz gewechselt? Haben Sie sich irgendwann im Berufsleben völlig umorientiert? Gehen Sie offensiv damit um.

Tipp: Wird die Aufforderung, etwas zum eigenen Background zu erzählen, mit einer Zeitangabe gekoppelt, wie etwa „Umreißen Sie doch mal in zehn Minuten Ihren Background", dann halten Sie sich an die Vorgabe. Fehlt die Zeitangabe, gelten 10 bis 15 Minuten als angemessen. Erstens haben Personaler nicht endlos Zeit und zweitens werten sie allzu ausschweifende Erzählungen als Egozentrik.

Will der Interviewer etwas genauer wissen, wird er nach der Kurzvorstellung nachfragen. In dieser obligatorischen Fragerunde wird der Personaler offene Fragen klären, beispielsweise: Wo genau lagen Ihre Studienschwerpunkte? Mit welchen Aufgaben waren Sie im letzten Job hauptsächlich betraut? Er wird aber auch wissen wollen, warum Sie sich ausgerechnet bei seinem Unternehmen beworben haben. Sind Sie noch bei einem anderen Arbeitgeber beschäftigt, müssen Sie Ihre Wechselambitionen begründen können. Haben Sie Ihren Job bereits verloren, gilt es, auch dies sachlich darzustellen.

Bleiben Sie an dieser Stelle zurückhaltend. Selbst wenn der Druck in den letzten Monaten unerträglich war und eine Abmahnung die nächste gejagt hat: Lästereien und Indiskretionen müssen Sie sich verkneifen. Schließlich kann der neue Arbeitgeber nicht beurteilen, ob Sie wirklich unschuldig sind. Darüber hinaus (und das wiegt noch schwerer) muss er bei so viel Offenheit seinerseits damit rechnen, dass Sie im Falle eines Falles auch über ihn herziehen würden.

Auch die Persönlichkeit des Bewerbers wird in der Fragerunde genauer durchleuchtet. Typische Fragen sind:

- Wie würden Sie sich charakterisieren?
- Wo liegen Ihre Stärken?
- Wo sehen Sie Ihre Schwächen?
- Wie und mit welchen Menschen arbeiten Sie am liebsten?

Jetzt hilft es, wenn Sie sich bereits in der Orientierungsphase intensiv mit den eigenen Stärken und Schwächen auseinandergesetzt und auch das Stellenprofil verinnerlicht haben. Denn hier ist es entscheidend, dass sich Ihre Antworten möglichst genau mit den Anforderungen an die zu besetzende Position in Einklang bringen lassen. Wichtig ist außerdem, dass Sie sowohl Stärken als auch (kleine) Schwächen auflisten, denn das zeigt, dass Sie eine realistische Selbsteinschätzung haben. Gut macht es sich, wenn Sie Ihre eigene Einschätzung durch Aussagen von Dritten, beispielsweise Beurteilungen (von Hochschullehrern oder früheren Arbeitgebern), untermauern können. Ihr Gesprächspartner kann dann vermuten, dass Ihr Selbstbild mit dem Fremdbild anderer übereinstimmt. Und selbstverständlich ist es auch nicht falsch, an dieser Stelle das Ergebnis eines Persönlichkeitstests einfließen zu lassen.

Weiterhin kommen die beruflichen Ambitionen eines Bewerbers in dieser Fragerunde zur Sprache:

- Was bedeutet für Sie Karriere?
- Wie sehen Ihre nächsten beruflichen Ziele aus?
- Wie lange wollen Sie in der neuen Firma bleiben?
- Wo sehen Sie sich in drei/fünf/zehn Jahren?

Wenn Sie sich heute noch einmal entscheiden könnten, würden Sie denselben Berufsweg wieder wählen?

So oder so ähnlich lauten die Fragen. Auch hier gilt erneut: Je akkurater Sie bereits in der Orientierungsphase Ihren Standort bestimmt haben, umso leichter werden Sie sich im Vorstellungsgespräch tun.

> **Tipp:** Informationen, wie Vorstellungsgespräche in einzelnen Unternehmen ablaufen, finden sich in einigen Internetportalen zur Arbeitgeberbewertung. Besonders geeignet ist das Portal www.kununu.com. Siehe hierzu auch Kapitel 5, Abschnitt Hinterfragen: Position und Personen einordnen, Seite 139.

Viele Kandidaten empfinden die Frage nach dem Gehalt als problematisch. Dennoch sollten Sie Ruhe bewahren. Sie haben sich bereits im Vorfeld umfassend über das Gehaltsniveau des potenziellen Arbeitgebers und der Branche erkundigt und können jetzt laut und deutlich eine Forderung stellen. Gut kommt, wenn Sie diese auch begründen und dabei nicht nur auf Ihre Qualifikationen eingehen, sondern einen konkreten Bezug zu dem Unternehmen herstellen. Welchen Nutzen bringen Sie?

Natürlich haben Sie auch die Möglichkeit, den Ball zurückzuspielen und sich zu erkundigen, wie viel das Unternehmen bereit wäre zu zahlen. Doch seien Sie auf der Hut: Im Zweifel macht man Ihnen ein Angebot, das deutlich unter Ihren Gehaltsvorstellungen liegt. Dann ist es schwer, die Kurve zu kriegen.

> **Tipp:** Manchmal nutzen gewiefte Interviewer die Frage nach dem Gehalt als Test und wollen herausbekommen, wie Sie in Stresssituationen reagieren. Im weiteren Verlauf des Gesprächs ignoriert man Ihre Forderung eventuell oder zeigt sich irritiert. Lassen Sie sich nicht verunsichern. Sie kennen das Gehaltsniveau und können gelassen bleiben. Irgendwann kommt eine konkrete Antwort.

Das zweite Gespräch: Einfühlungsvermögen zeigen, Wissen vertiefen

Die erste Gesprächsrunde verlief positiv. Jetzt will man Sie ein zweites Mal sehen.

Das ist vor allem bei höher angesiedelten Positionen ein normaler Vorgang. Zwei bis drei Vorstellungsrunden sind die Regel.

Sie können sich also freuen. Aber machen Sie nicht den Fehler, sich schon komplett auf der Siegerseite zu sehen. Denn auch im zweiten Gespräch kann noch so manches schiefgehen, wie das Beispiel von Peter Strasser* zeigt.

> Der Controller ärgert sich noch heute, wenn er an die Situation im Jahr 2008 denkt. Als er die Einladung zum zweiten Gespräch erhielt, war er überglücklich. Im ersten Vorstellungsgespräch bei einer großen Handelskette war alles bestens gelaufen und nun war er davon überzeugt, seinem Traumjob schon ganz nahe zu sein. Doch dann lief „einfach alles" aus dem Ruder, wundert Strasser sich noch heute: „Der bisherige Verhandlungspartner war plötzlich reserviert. Die Kollegin aus der Personalabteilung stellte Fragen, die längst beantwortet waren. Den potenziellen Kollegen aus der Fachabteilung fand ich völlig überflüssig … und dann verheddete ich mich auch noch mit meinen eigenen Antworten. Das war's." Nach nicht einmal fünfzehn Minuten war das Gespräch beendet. Und Strassers Traum von der schnellen Karriere zunächst einmal auch.

Das Schlimmste dabei: Es war nicht das erste Mal, dass der junge Betriebswirt an der zweiten Hürde scheiterte. Schon in einem anderen Unternehmen hatte es ihn im zweiten Interview aus der Kurve gehoben – Grund genug für ihn, jetzt Hilfe bei einem Karrierecoach zu suchen und sich intensiv mit der Psychologie des zweiten Vorstellungsgespräches auseinanderzusetzen. Der Einser-Absolvent erfuhr, dass er mit seinem Problem keineswegs allein ist. Renate Weber, Referatsleiterin Personal bei der Allianz in München, weiß: „Die zweite Runde wird gerne unterschätzt." Sie verläuft grundsätzlich ganz anders als die erste. Im ersten Zusammentreffen geht es vor allem um die Frage, ob Sie überhaupt für die Position geeignet sind und ob die Gehaltsvorstellungen im Großen und Ganzen übereinstimmen. In der Regel wird das Gespräch von einem Vertreter der Personalabteilung und einem Vertreter der Fachabteilung geführt – diese konnten Sie überzeugen. Beim zweiten Treffen dagegen ist Tiefe gefragt. Jetzt lernen Sie fast immer den direkten Fachvorsitzenden kennen. Und oft kommen auch noch andere neue Personen hinzu, manchmal ein Kollege des Abteilungsleiters, mitunter auch ein Vertreter der Geschäftsführung.

Je nachdem, wie sich die Runde zusammensetzt, variiert der Gesprächsverlauf – darauf kommen wir gleich noch. Der Inhalt des zweiten Gespräches dagegen bleibt weitgehend gleich: Nicht nur die Soft Skills des Kandidaten stehen auf dem Prüfstand. Sie müssen auch beweisen, dass Sie sich nach dem ersten Zusammenkommen noch einmal intensiv mit der Position, dem Unternehmen und den im ersten Dialog erfahrenen Informationen beschäftigt haben. Formulieren Sie Ihre Aussagen so, dass der Bezug deutlich erkennbar ist, zum Beispiel: „Ich habe noch einmal über den Hinweis nachgedacht, dass auf der Position Kommunikationsstärke gefragt ist. Wie gut ich auch mit Spannungen umgehen kann, habe ich schon in der Situation X bewiesen." Das Wichtigste aber: Auch in der zweiten Unterhaltung muss es Ihnen gelingen, „dieselbe Begeisterung wie im Erstgespräch zu entfachen", wie Uwe Schnierda, Buchautor und Karriereberater, es ausdrückt. „Nach wie vor muss der unbedingte Wille erkennbar sein, den Job zu bekommen."

In der Praxis sind es vor allem vier Stolpersteine, die Stellenanwärtern zum Verhängnis werden:

1. Zu große Siegessicherheit

2. Differenzen bei der Selbstpräsentation

3. Wissenslücken bei den Vertiefungen

4. Mangelnde Einstellung auf die potenziellen Gesprächspartner

Realistisch bleiben

Wenn Schnierda Beratungsanfragen erhält, sind es oft Kandidaten wie Strasser, die die zweite Begegnung für einen Selbstläufer hielten – und eines Besseren belehrt wurden. Viele Kandidaten machen den Fehler zu glauben, dass eigentlich keine Überzeugungsarbeit mehr nötig sei, und konzentrieren sich stattdessen auf die Klärung von Organisations- und Urlaubsfragen. Das ist ein Fehler. Um Gehalt,

Arbeitszeiten, Urlaub, Dienstwagen oder Betriebsrente darf es allenfalls im letzten Drittel des Gespräches gehen. Davor heißt es, die gute Selbstpräsentation des Erstgespräches möglichst noch zu toppen.

Dabei ist eines durchaus richtig: Wer eine zweite Einladung erhält, hat einen Großteil seiner Mitbewerber bereits geschlagen. Beim Hamburger Kosmetikhersteller Beiersdorf beispielsweise sind es im Schnitt etwa sechs bis acht Prozent aller eingehenden Bewerbungen, die zu einem ersten Vorstellungsgespräch führen, wie Human-Resources-Managerin Reinhild Marten erläutert. Nur knapp die Hälfte der Prüflinge erhält noch eine weitere Chance. Allerdings bedenken dabei viele nicht, dass die anderen Kandidaten, die noch in der Endauswahl verblieben sind, im ersten Gespräch genauso überzeugt haben und ebenfalls alle wichtigen Grundvoraussetzungen mitbringen. „Also stehen die Chancen vielleicht 50:50", rechnet Marten vor. „Bestenfalls."

Das erste Gespräch auswerten

Ein Kandidat, der anfangs erzählt, es gehe ihm um neue Herausforderungen, und im Folgegespräch einräumt, dass er sich mit dem Chef nicht versteht, erzeugt Misstrauen. Auch wer zunächst geweckte Erwartungen nicht erfüllt oder sogar Versprechungen zurücknimmt, manövriert sich schnell ins Aus. Trotzdem kommt dies in der Praxis oft genug vor, wie sich nicht nur Personalfrau Marten wundert.

Häufig liegt die Ursache in mangelnder Reflexion des ersten Termins. Würde das zweite Interview genauso sorgfältig vorbereitet wie das erste, ließen sich Unstimmigkeiten in der Selbstpräsentation einfach umgehen.

Wiederholen Sie, warum gerade Sie für die Position geeignet sind, und bringen Sie zusätzliche Argumente ein. Sie hatten Zeit, über das erste Gespräch und die dort präzisierten Anforderungen aus dem Stellenprofil nachzudenken – und können jetzt Beispiele nennen, wo Sie sich auf gleichen oder ähnlichen Gebieten schon beweisen konnten. Machen Sie klar, dass Sie noch einmal intensiv über die zu besetzende Position nachgedacht haben und überzeugt davon sind, die an Sie gestellten Anforderungen erfüllen zu können.

Firmenvertreter nutzen das zweite Gespräch auch, um die Eindrücke aus dem ersten Gespräch zu überprüfen. War Ihr gutes Abschneiden dort nur Zufall? Stellen Sie Sich auf Kontrollfragen ein, sprich: Lassen Sie in der Vorbereitung die Fragen aus dem Erstgespräch und Ihre Antworten darauf Revue passieren.

Zudem sollten Sie Ihre eigenen Forderungen exakt reflektiert haben. Es mag gelingen, sich beim ersten Treffen noch um die genauen Gehaltsvorstellungen und Konditionen herumzumogeln. Im zweiten müssen Zahlen genannt werden. Hüten Sie sich in jedem Fall davor, falls das Gehalt bereits zur Sprache gekommen ist, jetzt noch einmal nachzulegen.

Tipp: Eindeutig Pluspunkte sammelt, wer bereits kleine Lösungsansätze für zuvor angeschnittene Probleme präsentieren kann. Manchmal werden diese anhand von unangekündigten Fallstudien sogar explizit eingefordert.

Auf die Gesprächspartner achten

Entscheidend für den Verlauf des zweiten Vorstellungsgespräches ist die Zusammensetzung der Gesprächspartner. Denn je nachdem, wer dabei ist, variiert auch der Gesprächsverlauf. Grundsätzlich gibt es drei Möglichkeiten:

- Der oder die Gesprächspartner bleiben gleich.
- Es kommen neue hinzu – wie Peter Strasser es erlebte.
- Der Kandidat sieht sich plötzlich völlig anderen Firmenvertretern gegenüber.

Daher ist ganz wichtig, dass Sie bereits bei der Terminbestätigung nachfragen. Wer weiß, was auf ihn zukommt, kann sich punktgenau vorbereiten oder die Situation vielleicht sogar durchspielen. Ein Tipp, den im Übrigen auch Personalverantwortliche in Firmen geben. „Vorausgesetzt, man bleibt im realen Gespräch authentisch", wie Allianzfrau Weber betont.

Am einfachsten verläuft das Gespräch in der Regel, wenn sich das Gegenüber gar nicht verändert hat. Denn dann trifft dieser Gesprächspartner (oder treffen diese Gesprächspartner) auch die Entscheidung.

In der Praxis ist dies aber eher selten der Fall. Zumeist stehen dann tatsächlich die Konditionen im Vordergrund. Dennoch handelt es sich auch in dieser Konstellation nicht um eine nette Plauderei. In jedem Fall muss sich ein Aspirant auf eine Vertiefung des bislang Gesagten einstellen und mit strategischen Überlegungen aufwarten können.

Die gleiche umfassende Vorbereitung ist gefragt, wenn ein weiterer Gesprächspartner hinzukommt. Zusätzlich steht der Kandidat in dieser Situation vor der Herausforderung, den oder sogar mehrere Neue richtig einzubinden. Was dies in der konkreten Situation bedeutet, bringt der Berliner Bewerbungshelfer Gerhard Winkler auf den Punkt: „Kümmern Sie sich nicht darum, dass die Hälfte der Gesprächspartner vieles schon weiß – und die anderen es wissen sollten. Sie müssen noch einmal werben und überzeugen." Und noch schwieriger kann es werden, wenn die Gesprächspartner komplett gewechselt haben. Denn dies bedeutet tatsächlich: Alles im Schnelldurchlauf noch mal von vorne plus eine sinnvolle Vertiefung.

Wobei auch dies dann nur die halbe Miete ist. Nicht nur Überzeugungsarbeit ist angesagt, auch Gleichbehandlung. Vor allem unsichere Kandidaten neigen mitunter dazu, sich weiterhin überwiegend mit bereits vertrauten Personen zu unterhalten. In vielen Unternehmen ist dies der Personaler, der an beiden Gesprächen teilnimmt. Mitunter auch ein Personalberater, wenn ein solcher involviert ist.

Welche Position eine Person auch immer bekleiden mag und wie vertraut sie auch scheint: Respekt und Ansprache verdienen alle. Allenfalls, wenn ein hierarchisch Hochstehender viel Kraft einsetzt, um seine dominante Rolle zu unterstreichen, darf man ihn etwas mehr hofieren, schränkt Winkler ein. Wer sich darauf verlässt, dass ein anderer zum Fürsprecher wird, scheitert ebenso wie derjenige, der es sich leistet, Personen zu übersehen. Im besten Fall ist dies unhöflich, stellt Winkler klar – und bedeutet im schlimmsten Fall das Aus. Wer weiß schon, ob der vermeintlich unwichtige Abteilungskollege am Ende nicht doch ein Vetorecht hat. Peter Strasser jedenfalls erfuhr es zu spät.

5. Vertrauen ist gut, Kontrolle ist besser

Last in – first out?
Typischen Problemen im neuen Unternehmen vorbeugen

Das Schlagwort ist bekannt: Last in – first out. Gerade in wirtschaftlich angespannten Situationen führt es dazu, dass viele lange zögern, bevor sie den Schritt wagen und den Job wechseln. Sie haben Angst, dass der Wechsel an sich zwar klappt, die Probezeit jedoch zum Bumerang wird. Ist diese Angst berechtigt? Eigentlich nicht. Denn sieht man einmal von eigenem eklatantem Fehlverhalten ab (siehe Kapitel 8, Und jetzt geht's richtig los, S. 163 ff.), kann es nur zwei Gründe geben, warum ein Neustart misslingt: Entweder ist die wirtschaftliche Situation des neuen Arbeitgebers doch nicht so positiv wie vermutet, so dass dieser die Probezeit nutzt, um Sie schnell wieder loszuwerden. In der Praxis gar kein seltener Fall. Oder Sie kommen mit der Aufgabe, der Arbeitsweise oder den Kollegen im neuen Job nicht zurecht. Beides jedoch sind Phänomene, die sich durch gute Recherche im Vorfeld weitgehend vermeiden lassen.

Durchleuchten: Insiderinformationen einholen

Viele Hintergrundinformationen haben Sie bereits vor dem Versenden Ihrer Bewerbungsunterlagen eingeholt – und erneut zur Vorbereitung des Vorstellungsgespräches. Trotzdem gilt es noch einmal intensiv zu recherchieren, bevor es tatsächlich ernst wird. Der erste Schritt ist das zweite Vorstellungsgespräch selbst. Vergessen Sie nicht, es auch für die eigene Recherche zu nutzen. Stellen Sie klare Fragen: zur wirtschaftlichen Situation, zur Einordnung der Position und zu Ihren Aufgaben – und halten Sie Ohren und Augen offen. Nicht nur bei Bewerbern, sondern auch bei Unternehmensvertretern verheißen ausweichende Antworten nichts Gutes.

Beachten Sie: Auch Unternehmen möchten sich mit ihrer Stellenanzeige und im Vorstellungsgespräch verkaufen. Gleichen Sie das, was Sie sehen (Wie hat man Sie am Empfang begrüßt? Welchen Eindruck machen die Menschen, die Ihnen begegnet sind?), mit Ihren schriftlichen Hintergrundinfos ab. Wie lesen Sie die Firmenhomepage? Gibt es ein Leitbild des Unternehmens? Und vor allem: Was sagen die eigenen Mitarbeiter zum Unternehmen? In den letzten Jahren haben sich im Netz verschiedene Plattformen etabliert, auf denen Unternehmen als Arbeitgeber bewertet werden. Zwar sind Einzelbewertungen dort mit Vorsicht zu genießen – man weiß nie, ob nicht eventuell die eigene Marketingabteilung die Aussagen schönt oder andersherum nur ein beleidigter Mitarbeiter seinen Unmut herauslässt. Zudem kontrollieren die Betreiber der Plattformen nicht, ob die Bewerter tatsächlich Mitarbeiter des beurteilten Unternehmens sind oder waren. Wer jedoch die Vielzahl der Stimmen miteinander vergleicht, kann in der Regel einiges über Unternehmenskultur, Arbeitsbedingungen, Aufstiegschancen oder Gehaltsstrukturen lernen.

■ Service: Arbeitgeberwertungen im Überblick

- **www.arbeitgebertest.de** Entstand 2006 auf Privatinitiative einiger Arbeitnehmer, die Missstände auf dem Arbeitsmarkt anprangern wollten. Laut eigener Angabe war Arbeitgebertest der erste Anbieter dieser Art in Deutschland. Ziel ist, dass Arbeitnehmer sich kostenlos über potenzielle neue Arbeitgeber informieren können. Wer bewerten will, muss sich mit E-Mail-Adresse registrieren.
- **www.jobvoting.de** Ebenfalls seit 2006 auf dem Markt, gilt jobvoting mittlerweile als das umfassendste Angebot. Enthält eine sehr große Anzahl von Arbeitgeberporträts, verschiedene Diskussionsforen und eine Sortierfunktion, was die Recherche übersichtlicher macht. Auch Arbeitgeber haben die Möglichkeit, sich zu präsentieren, und können auch Bewertungen von Arbeitnehmern kommentieren. Wählt die Top Ten des Jahres.

www.kununu.com Laut eigener Angabe sind 13.000 deutsche Firmen gelistet. Spannend, dass auch Vorstellungsgespräche beschrieben und kommentiert werden. Das eröffnet Kandidaten optimale Möglichkeiten, sich darauf vorzubereiten. Pluspunkte bei der Bewertung selbst: Es werden auch die Punkte Gleichberechtigung und Kollegen 45+ angesprochen.

www.fair-bewerben.de Recht kleines Portal mit wenigen Firmen. Der Bewertungsbogen an sich ist recht umfangreich – man kann jedoch nicht erkennen, auf wie vielen Urteilen er beruht.

www.meinarbeitgeber.com Ebenfalls sehr kleines Portal. Derzeit werden nur 22 Firmen bewertet. Die Betreiber fordern ausdrücklich Studenten auf mitzumachen und weisen diese Einstufungen entsprechend aus. Damit sollen auch die Rahmenbedingungen für Praktika, betreute Diplomarbeiten usw. transparent gemacht werden.

www.arbeitgebercheck.at Für Arbeitnehmer, die sich nach Österreich bewerben wollen.

Darüber hinaus sollten Sie zu diesem Zeitpunkt erneut Ihre eigenen (Online-)Netzwerke bemühen. Wenn es sich um ein großes Unternehmen handelt, finden sich sicher Freunde oder Freunde von Freunden, die bereit sind, eingehendere Infos zu geben. Nicht nur die Bonität gehört dabei auf den Prüfstand, sondern vor allem auch die Kontinuität der Personalarbeit. Wer ein gutes Netzwerk hat, erfährt schnell, ob ein Unternehmen auch hält, was es verspricht. Und wann immer dies möglich ist, sollten Sie das Firmengelände besuchen und vor Ort mit Mitarbeitern sprechen.

Hinterfragen: Position und Personen einordnen

Mindestens ebenso wichtig wie die wirtschaftliche Situation eines Unternehmens und die allgemeine Unternehmenskultur ist der Nahkreis, also die Personen, mit denen Sie zu tun haben werden. Auch hier bieten wieder die Vorstellungsgespräche gute Warnsignale, auf die Sie unbedingt achten sollten:

- **Ständiges Unterbrechen:** Der Vorgesetzte lässt Sie zwar ausreden, unterbricht aber ständig seine Mitarbeiter. Bei Ihnen sollten alle Alarmglocken klingen.
- **Abwertungen:** Abwertende Bemerkungen bezüglich Abwesender, vielleicht sogar Ihres Vorgängers, verheißen ebenfalls nichts Gutes. Wollen Sie mit jemandem zusammenarbeiten, der lästert oder gar nachkartet?
- **Angespanntes Klima:** Beobachten Sie, wie die anwesenden Personen miteinander umgehen. Achten Sie dabei auch auf die Körpersprache. Sind ungute Stimmungen oder gar Ängste erkennbar?
- **Inhaltliche Widersprüche:** Dass Sie eine exakte schriftliche Stellenbeschreibung einfordern, versteht sich. Aber beschreiben alle Personen das Unternehmen und die zu besetzende Stelle gleich? Wenn es hier deutliche Widersprüche gibt, besteht die Gefahr, dass sie später auf Ihrem Rücken ausgetragen werden.
- **Schneller Wechsel:** Hinterfragen Sie unbedingt, wie lange Ihre Vorgänger die Position innehatten. Haben sie schnell hingeworfen, braucht der Arbeitgeber eine gute Begründung.
- **Und last but not least:** Reflektieren Sie sich selbst. Fühlen Sie sich wohl? Wollen Sie mit diesen Menschen in diesem Unternehmen arbeiten? Gestehen Sie sich ein, wenn die Chemie nicht stimmt oder Sie das Gefühl haben, nicht allen Anforderungen gerecht zu werden. Auf Dauer verstellen können Sie sich nicht. Hinterfragen Sie kritisch. Wer in der Krise scheitert, hat kein Netz.

Festschreiben:
Den Arbeitsvertrag optimal gestalten

Ist es erst einmal so weit, dass der neue Arbeitsvertrag vorliegt, ist die Freude in der Regel groß. Nicht wenige lassen sich daher verleiten, lieber nicht so genau hinzusehen. Motto: Hauptsache unterschreiben und die Sache ist in trockenen Tüchern. Dennoch raten Arbeitsrechtler zur genauen Prüfung – und dies umso mehr, je angespannter die wirtschaftliche Situation ist. Wer jederzeit woanders unterkommen kann, mag über unklare Formulierungen leichter hinwegsehen. Kommt es jedoch zu Auseinandersetzungen, ist der Katzenjammer groß. Je großmaschiger das Netz ist, in das Sie fallen können, umso mehr Vorsicht ist gefragt.

Nachfolgende Punkte sollen Ihnen helfen, die wichtigsten Patzer im Arbeitsvertrag zu vermeiden. Besonderes Augenmerk liegt dabei auf dem Wechsel in der Krise.

Schriftform

Grundsätzlich muss ein Arbeitsvertrag nicht schriftlich abgefasst sein. Er gilt auch, wenn er mündlich abgeschlossen wurde. Allerdings: Wenn der Arbeitgeber sich dann zu irgendeinem Zeitpunkt nicht an die Absprache halten will, ist der Arbeitnehmer in der Beweispflicht. Wer dann keinen Zeugen hat, bekommt Probleme. Als Arbeitnehmer sollten Sie daher immer auf Schriftform bestehen.

Probezeit

Ein häufiger Knackpunkt ist die Probezeit. Es ist bekannt, dass viele Arbeitgeber, die unerwartet in die Krise geraten, die Probezeit nutzen, um möglichst reibungsfrei Personal abzubauen.

Wer hier vorbeugen will, muss zunächst den Unterschied zwischen der vertraglich vereinbarten Probezeit und der gesetzlichen Wartezeit kennen. Letztere ist im Kündigungsschutzgesetz geregelt und besagt nichts anderes, als dass der übliche Kündigungsschutz in den ersten sechs Monaten eines Arbeitsverhältnisses nicht gilt. Der Arbeitgeber kann in dieser Zeit jederzeit kündigen und braucht hierfür keine soziale Rechtfertigung (§ 1 Absatz 1 KschG). Er muss diese Kündigung gegenüber dem Arbeitnehmer auch nicht begründen.

Die vertragliche Probezeit dagegen besagt, dass zusätzlich auch die Kündigungsfrist kürzer wird. Sie schrumpft in der Regel auf zwei

Wochen (§ 622 Absatz 3 BGB), kann aber grundsätzlich frei verhandelt werden. Arbeitsrechtler empfehlen daher, bei riskanten Wechseln gerade für die Probezeit eine verlängerte Kündigungsfrist von mindestens acht Wochen zu vereinbaren. Optimal wäre natürlich der Ausschluss der Probezeit – worauf sich jedoch kaum ein Arbeitgeber einlassen wird. Dass eine Verlängerung der Probezeit über sechs Monate hinaus in keinem Fall zu akzeptieren ist, versteht sich von selbst. Sie ist im Übrigen gar nicht erlaubt.

Allergrößte Vorsicht ist geboten, wenn im Arbeitsvertrag die Formulierung steht, dass das Arbeitsverhältnis mit Ablauf der Probezeit endet. In solchen Fällen sichert sich nur der Arbeitgeber ab. Wer dies unterschreibt, akzeptiert genaugenommen einen befristeten Arbeitsvertrag. Später rechtlich dagegen vorzugehen ist nicht möglich.

Gar nicht so selten ist der Fall, dass der vereinbarte Arbeitsvertrag noch vor Diensteintritt gekündigt wird. Für Betroffene, die dann schon im eigenen Unternehmen ihr Ausscheiden verkündet haben, der Supergau. Kündigungen vor Dienstantritt sollten daher immer ausgeschlossen werden. In Kombination mit einer verlängerten Frist in der Probezeit wird so der Sturz zumindest abgefedert.

■   Service: Empfohlene Formulierung

Das Arbeitsverhältnis beginnt am … des Monats und wird unbefristet abgeschlossen. Die ersten sechs Monate gelten als Probezeit. In dieser Zeit gilt eine Kündigungsfrist von acht Wochen. Kündigung vor Dienstantritt ist ausgeschlossen.

Wettbewerbsverbot

Je unsicherer die Zeiten, umso weniger kann ein Wettbewerbsverbot akzeptiert werden. Viele lassen sich durch eine großzügige Vergütung blenden. Doch egal, wie hoch sie sein mag: Ein Wettbewerbsverbot blockiert mehr, als Geld aufwiegen kann. Wer sich zwei oder mehr Jahre in einer Branche nicht bewähren kann, ist weg vom Markt. Ein Aspekt, der vielfach unterschätzt wird.

Aufgabengebiet und Versetzungsklausel

Ebenfalls wesentliche Bestandteile des Arbeitsvertrages sind die konkrete Festlegung des Aufgabengebietes, die entsprechenden Kompetenzen und der Einsatzort. Wobei unter Experten Uneinigkeit darüber herrscht, wie genau diese festgelegt werden müssen. Einerseits ist es gut, wenn alles genau beschrieben ist. Versetzungen an andere Orte oder in unliebsame Abteilungen sollten dennoch nicht komplett ausgeschlossen werden. Denn genau dies kann auch negative Auswirkungen haben – insbesondere in Krisenzeiten. Fehlt die Klausel, nach der der Arbeitgeber dem Arbeitnehmer einen anderen Arbeitsplatz zuweisen kann, und fällt der eigene Arbeitsplatz weg, bedeutet dies die sofortige Beendigung des Arbeitsverhältnisses.

Arbeitszeit

Grundsätzlich sollten die wöchentliche Arbeitszeit und die Bezahlung von Überstunden exakt geregelt sein. Ist im Vertrag eine Klausel enthalten, wonach Überstunden mit freien Tagen abgegolten werden können, „sofern es die betrieblichen Belange zulassen", sind unentgeltliche Überstunden programmiert.

Sonderleistungen

Werden Sonderzahlungen geleistet, sollte eine anteilige Auszahlung bei vorzeitigem Ausscheiden vereinbart werden.

Dienstwagen

Ob sich ein Dienstwagen lohnt, muss immer im Einzelfall nachgerechnet werden. Wer jedoch einen verhandelt und nur diesen nutzt, muss unbedingt darauf achten, dass der Wagen bis zur tatsächlichen Beendigung des Arbeitsverhältnisses (und nicht nur bis zur ausgesprochenen Kündigung) gefahren werden kann. Das hilft im Zweifel auch bei neuerlicher Jobsuche.

Betriebsrente

Gibt es eine Betriebsrente, so ist sie aufgrund der Sperrfristen von mehreren Jahren nur lukrativ, wenn man wirklich bleiben will und kann. Ist ein Wechsel nicht ausgeschlossen, raten Fachleute zu Direktversicherung oder entsprechender Gehaltsaufstockung.

6. Und jetzt ist Schluss!

Wie Sie Ihren Ausstieg richtig vorbereiten

Besonders schwierig sind Trennungen immer, wenn sie nicht von Ihnen selbst ausgehen. Das wurde bereits in Kapitel 2 ausführlich behandelt. Doch auch wer selbst kündigt, kann einiges falsch machen. Selbst wenn Ihre Entscheidung zur Eigenkündigung unumstößlich feststeht, sollten Sie daher nicht vorschnell agieren – vor allem nicht, bevor Sie einen neuen Arbeitsvertrag unterschrieben haben. Auch wenn die berufliche Situation unerträglich zu sein scheint, ist es ein ungeschriebenes Gesetz, dass die Stellensuche aus einer ungekündigten Position heraus immer einfacher ist, als wenn man schon auf der Straße steht. Prüfen Sie also vor dem entscheidenden Schritt immer alle Eventualitäten. Angefangen bei der rechtlichen Situation über Fristen bis hin zur Informationspolitik. Und ganz wichtig: Vergessen Sie dabei keinesfalls, im Kündigungsschreiben gleich ein Arbeitszeugnis anzufordern (siehe hierzu auch Kapitel 1, Seite 29).

„Morgen bin sowieso weg" – Stillschweigen bewahren

Ein geradezu fataler Fehler ist es, voreilig damit herauszuplatzen, dass man kündigen will. Vertrauen Sie sich niemandem an, auch nicht dem netten Kollegen vom Nachbarbüro. Die Erfahrung sagt: Schon am nächsten Tag weiß es die halbe Kollegenschar. Und ist der Flurfunk erst ins Rollen gekommen, können Sie gar nicht so schnell reagieren, wie Sie aus allen relevanten Verteilern gestrichen werden. Selbst wenn man keine Angst hat, dass Sie Firmeninterna oder Kunden mitnehmen könnten: Man rechnet einfach nicht mehr mit Ihnen und bezieht Sie daher auch nicht mehr ein. Vor allem, wenn der geplante Jobwechsel dann doch nicht wie erwartet klappt, kann sich das als nachhaltiges Problem herausstellen.

Gerade dann benötigen Sie alle verfügbaren Informationen und Kontakte. In manchen Branchen bzw. Positionen kann die bloße Ankündigung eines möglichen Abgangs sogar eine Freistellung nach sich ziehen – mit allen denkbaren Folgen (siehe auch Kapitel 2, Abschnitt „Die Bombe ist geplatzt ...," Seite 75).

Und ganz wichtig: Denken Sie vor der Kündigung daran, alle wichtigen privaten Dinge rechtzeitig und unauffällig nach Hause zu schaffen – nach dem entscheidenden Schritt haben Sie möglicherweise keine Gelegenheit mehr dazu. Vergessen Sie dabei auch nicht die Daten auf Ihrem Rechner. Ist irgendetwas dabei, was man gegen Sie verwenden könnte?

Sorgen Sie außerdem dafür, dass Sie Kopien aller Dokumente besitzen, die Sie vielleicht für einen Streit vor dem Arbeitsgericht brauchen könnten, also E-Mails, Schriftsätze oder Gesprächsprotokolle. Wobei dies natürlich umso mehr gilt, wenn es Drohungen oder Nötigungen gab oder Sie sogar auf Anordnung an Straftaten beteiligt waren.

Umgekehrt sollten Sie nichts mitnehmen, was nicht Ihnen gehört. Kein Radiergummi, keinen Kugelschreiber, nicht die geringste Kleinigkeit. Das ist Diebstahl und kann Sie bei einem drohenden Rechtsstreit nicht nur viel Geld, sondern vor allem auch Ihren Ruf kosten.

Weihnachtsgeld ade? – Der Zeitpunkt entscheidet

Vor dem entscheidenden Schritt ist es außerdem wichtig, dass Sie sich Gedanken über den richtigen Zeitpunkt machen. So kann es beispielsweise sein, dass Sie bei einer Kündigung zum falschen Termin Ihr

- **Weihnachts- oder Urlaubsgeld** zurückzahlen müssen. Für beide Zusatzgehälter gibt es vergleichbare Fristen. Regelungen dazu finden sich meist im Arbeits- oder Tarifvertrag, möglicherweise auch in einer speziellen Betriebsvereinbarung. Warten Sie dagegen noch ein oder zwei Monate, ändert sich die Situation.

Weitere Punkte, die beachtet werden sollten, sind

- **Ausbildungsleistungen oder Fortbildungskosten des Arbeitgebers.** Wer innerhalb bestimmter Fristen nach Entstehung dieser Kosten kündigt, kann möglicherweise zur Rückzahlung verpflichtet sein. Hinweise hierzu finden Sie in Ihrem Arbeitsvertrag oder einer entsprechenden Zusatzvereinbarung. Nach der Rechtsprechung des Bundesarbeitsgerichts sind einzelvertragliche Vereinbarungen zulässig. Insbesondere dann, wenn der Arbeitnehmer durch die Fortbildung tatsächlich einen „geldwerten Vorteil" erlangt hat (etwa eine höhere Tarifgruppe oder bessere Chancen auf dem Arbeitsmarkt). Gibt es allerdings keine entsprechende Vereinbarung über Rückerstattung bei Kündigung, hat der Arbeitgeber auch keinen Anspruch darauf – zumindest dann nicht, wenn sich die Fortbildung im üblichen Rahmen bewegte. Grundsätzlich sind Rückzahlungsklauseln nur dann zulässig, wenn sie nicht zu einer unangemessenen Benachteiligung des Arbeitnehmers führen oder in sein Grundrecht der freien Arbeitsplatzwahl eingreifen.
- **Betriebliche Altersvorsorge:** Hier gilt es zu prüfen, ob bereits die Unverfallbarkeit erreicht ist (siehe Arbeitsvertrag, Individualzusage, betriebliche Pensionsordnung, Tarifvertrag oder Betriebsvereinbarung).

Ein weiterer Punkt sollte vor allem dann beachtet werden, wenn die Kündigung erfolgt, ohne dass bereits ein neues Beschäftigungsverhältnis in Sicht ist: nämlich mögliche

- **Sperrfristen durch die Arbeitsagentur.** Kommt es zu einer Sperrung, bedeutet dies – wie bereits mehrfach erläutert –, dass die Zahlung von Arbeitslosengeld nicht sofort, sondern erst mit einer Verzögerung von in der Regel drei Monaten beginnt. Allerdings gibt es Ausnahmeregelungen: wenn etwa gesundheitliche Probleme die Kündigung erforderlich machen oder Sie nachweislich gemobbt wurden.

Schriftlich und fristgerecht – der rechtliche Rahmen

Anders als der Arbeitgeber, der einem Mitarbeiter kündigt, müssen Sie als Arbeitnehmer in Ihrer Kündigung keine Gründe dafür angeben, warum Sie das Unternehmen verlassen wollen. Dennoch müssen zahlreiche Formalien beachtet werden:

- Laut § 623 BGB (Bürgerliches Gesetzbuch) muss eine Arbeitnehmerkündigung (auch Eigenkündigung genannt) schriftlich verfasst werden. Mündliche Kündigungen beziehungsweise Kündigungen per Fax oder E-Mail reichen nicht aus, ebenso wenig Kopien.
- Die Kündigung muss mit der handschriftlichen Unterschrift des kündigenden Arbeitnehmers versehen sein.
- Sie muss fristgerecht erfolgen.
- Sie muss an den richtigen Empfänger gehen.

Kündigungsfrist beachten

Das klingt eigentlich selbstverständlich, kann aber in der Praxis einige Fragen aufwerfen. Denn schon die Kündigungsfrist ist oft nicht eindeutig erkennbar. Viele Arbeitnehmer glauben fälschlicherweise, dass sie grundsätzlich an die Dauer der Beschäftigung gekoppelt sei. Diese Regelung gilt jedoch nur für den Arbeitgeber. Erste Anhaltspunkte zu den Kündigungsfristen gibt zumeist der Arbeitsvertrag und – sofern es einen gültigen gibt – der Tarifvertrag. Wird in beiden kein konkreter Zeitrahmen genannt, gilt die gesetzliche Vorgabe. Sie ist in § 622 des Bürgerlichen Gesetzbuches (BGB) festgelegt und beträgt vier Wochen zum 15. oder zum Ende eines Monats. Ebenfalls wichtig: Ist im Arbeitsvertrag eine Kündigungsfrist genannt, darf diese nicht kürzer als die gesetzliche sein. Außerdem darf sie für die Beschäftigten nicht länger sein als für den Arbeitgeber. Stehen im Arbeitsvertrag ungültige Fristen, gelten wiederum die gesetzlichen.

Wird die Kündigungsfrist versäumt und haben Sie womöglich schon einen neuen Arbeitsvertrag unterschrieben, kann dies zu einigen Verwicklungen führen. Theoretisch gibt es zwar die Möglichkeit, einen Aufhebungs- oder Abwicklungsvertrag abzuschließen, was in diesem Fall durchaus zu empfehlen ist. Beide Dokumente sind an keinerlei Fristen gebunden. Doch ist es nicht auszuschließen, dass Ihr alter Arbeitgeber sich nicht darauf einlässt.

Ebenso kann es schwierig werden, wenn die Kündigungsfrist grundsätzlich nicht eingehalten werden kann, der neue Job aber kurzfristig angetreten werden muss. Bleiben Sie in solchen Fällen einfach der Arbeit fern, kann der alte Arbeitgeber Schadensersatz verlangen.

Allerdings: Er muss nachweisen, dass auch tatsächlich ein Schaden entstanden ist. Wobei dies umso wahrscheinlicher ist, je mehr Verantwortung jemand trägt oder je spezialisierter er ist. Ein denkbarer Fall wäre, dass Sie gerade an einem wichtigen Projekt arbeiten und Ihr Arbeitgeber nun kurzfristig teure Manpower zukaufen muss. In der Praxis, wissen Experten jedoch, scheitern Arbeitgeber sehr oft daran, den konkreten Schaden nachzuweisen.

Solche Klagen gehen meist in Verbindung mit Verstößen gegen das Konkurrenzverbot einher, das in jedem Fall immer für die Dauer eines Arbeitsvertrages besteht. Das hindert Sie nicht daran, vorzeitig zu einem anderen Arbeitgeber zu wechseln, aber daran, bei einem mit dem bisherigen Arbeitgeber im Wettbewerb stehenden Unternehmen zu beginnen. Tun Sie es trotzdem, riskieren Sie eine einstweilige Verfügung, mit der Ihnen die Tätigkeit beim neuen Arbeitgeber bis zum Ablauf der (richtigen) Kündigungsfrist untersagt wird. Nicht unbedingt ein gelungener Einstieg in den neuen Job.

Zusätzlich Vorsicht ist geboten, wenn Ihr Arbeitsvertrag eine Vertragsstrafenregelung enthält. Zwar sind viele dieser Regelungen in alten Arbeitsverträgen inzwischen nicht mehr gültig. Wer jedoch eine solche Zusatzvereinbarung unterschrieben hat, sollte sie unbedingt rechtlich prüfen lassen.

Tipp: Ist ein Verstoß gegen die Kündigungsfrist unumgänglich und sind Komplikationen zu erwarten, sollten Sie in jedem Fall mit dem künftigen Arbeitgeber verhandeln. Zunächst natürlich über einen späteren Dienstantritt. Geht dies nicht, ist auch eine Haftungsfreistellung denkbar. Besonders bei Abwerbungen sind viele Arbeitgeber zur Kostenübernahme von Schadensersatzansprüchen bereit – wobei dies dann zur Bedingung für einen Wechsel gemacht werden sollte.

Empfänger ermitteln

Fehler können außerdem bezüglich des richtigen Adressaten einer Kündigung gemacht werden. Zwar mag es naheliegen, sich an den direkten Vorgesetzten zu wenden. In den meisten Unternehmen müssen Kündigungen aber an die Geschäftsführung oder die Personalabteilung gehen. Im Zweifel empfiehlt es sich, bei der Personalabteilung nachzufragen, wer der richtige Empfänger ist. In jedem Fall sollten Sie das Schreiben entweder persönlich abgeben und sich den Eingang mit Datumsangabe bestätigen lassen oder einen Zeugen hinzuziehen.

Ist die Situation so angespannt, dass keine persönliche Übergabe in Frage kommt, kann das Kündigungsschreiben natürlich auch per Kurier, Einschreiben oder Postzustellungsurkunde versendet werden. Schöner und auch rechtlich sicherer ist jedoch die persönliche Übergabe.

■　　Service: Kurz und schmerzlos – ein Musterschreiben

Sehr geehrte Frau … / Sehr geehrter Herr …

Hier mit kündige ich das mit Ihnen am … geschlossene Arbeitsverhältnis ordentlich und fristgerecht zum …

Bitte bestätigen Sie mir den Erhalt dieser Kündigung und das Austrittsdatum schriftlich.

Außerdem bitte ich Sie, mir ein qualifiziertes Arbeitszeugnis auszustellen.

Für die bisherige Zusammenarbeit bedanke ich mich herzlich.

Mit freundlichen Grüßen

Marga Mustermann

„Hast du schon gehört?" – Taktvoll informieren

Auch wenn die Kündigung ausgesprochen ist, sollten Sie Ihren Schritt am Arbeitsplatz nicht vorschnell ausplappern. Agieren Sie zu schnell oder zu forsch, besteht die Gefahr, dass Vorgesetzte, aber auch Kollegen dies als Vertrauensbruch werten und die verbleibende Zusammenarbeit entsprechend schwierig wird.

Richtig ist nachstehende Reihenfolge:

1. Ihr Vorgesetzter erfährt es als Erster.

2. Danach stimmen Sie sich mit ihm über das weitere Vorgehen ab.

3. Erst dann informieren Sie die Kollegen. Am besten alle gemeinsam, beispielsweise vor oder nach der nächsten Teamsitzung.

Haben Sie schon lange von diesem Tag geträumt und sich immer wieder vorgestellt, wie Sie Ihren Abgang mit Triumphschreien begleiten? Tun Sie es nicht. Niemand weiß, wie das Leben spielt. Wie heißt es so schön: Man sieht sich immer zweimal im Leben. Egal, was vorher passiert ist: Wenn Sie es Ihrem Chef jetzt leicht machen, das Gesicht zu wahren, wird er das zu schätzen wissen. Und auch für die Kollegen gilt, dass Sie nicht wissen (bzw. es vielleicht ahnen), ob Ihnen der eine oder andere nicht gerne zuvorgekommen wäre – oder Ihnen die Chance nicht gönnt. Prahlen Sie nicht. Ihrem Wohlgefühl tut es keinen Abbruch, wenn Sie Ihren Abgang mit ein paar Worten des Bedauerns versüßen – nach der Devise: „Es tut mir leid, wir waren ein Superteam, aber jetzt möchte ich mich neuen Herausforderungen stellen."

7. Abgang mit Stil

Auch für den letzten Eindruck gibt es keine zweite Chance

Es war kein Tag wie jeder andere: Morgens um halb acht betrat die Chefsekretärin das Büro, hörte als Erstes den Anrufbeantworter ab und wandte sich dann dem Posteingangskörbchen zu, in dem dieses Mal – anders als sonst – nur ein paar kleine Vorgänge lagen. An ihrem letzten Arbeitstag hatte sie so wenig zu tun, dass sie das Büro pünktlich um 16 Uhr verlassen konnte. Den Schlüssel ließ sie auf dem Schreibtisch und warf den Kollegen auf dem Flur noch einen kurzen Gruß zu – das war's, acht Jahre ihres Lebens waren einfach vorbei. „Die Tränen flossen erst im Auto", sagt sie heute.

„Für den ersten Eindruck gibt es keine zweite Chance": Diesen Spruch kennt mittlerweile wohl jeder und versucht ihn zu beherzigen. Auch in diesem Buch wurde er bereits mehrfach aufgegriffen. Beim ersten Rendezvous, beim Vorstellungsgespräch oder am ersten Arbeitstag: Man zeigt sich von der besten Seite. Dass aber auch die letzten Tage im Job einen entscheidenden Einfluss auf die weitere Karriere haben können, ist vielen nicht bewusst. Da wundert es nicht, dass schlechte Abgänge in deutschen Unternehmen eher die Regel denn die Ausnahme sind. Was auch daran liegt, „dass es in Deutschland im Gegensatz zu anderen Ländern keine Abschiedskultur gibt", wie Rolf van Dick, Arbeitspsychologe an der Universität Frankfurt, bedauert.

Nicht nur die Scheidenden sind oft heillos überfordert, auch die Unternehmen tragen ein Großteil dazu bei, dass Porzellan zerschlagen wird. „Das überlassen wir den Fachabteilungen", heißt es fast unisono in den Personalabteilungen großer wie kleiner Unternehmen. Selbst Verbände und Gewerkschaften fühlen sich von dem Thema nicht angesprochen. Bei den Recherchen zu diesem Buch verwies der DGB die Frage nach gängigen Praktiken und Hilfestellungen von der Dachorganisation zu den Einzelgewerkschaften und wieder zurück. Und bei den Arbeitgeberverbänden ließ sich ebenfalls kein Ansprechpartner ausmachen. Nicht einmal praxisnahe Untersuchungen zum Thema gibt es.

Wenn überhaupt, dann befasst sich die Forschung in betriebswirtschaftlichen Studien mit Ersparnissen und Kosten von Ausstellungen. Selbst wenn bei großen Entlassungswellen eigens Outplacementberater hinzugezogen werden, dann geht es dabei im Wesentlichen darum, den Betroffenen konkrete Hilfsangebote für die Zukunft zu geben und damit den Bleibenden zu signalisieren: Wir lassen euch nicht in Stich. „Wie die letzten Tage gestaltet werden sollen, darum kümmern wir uns nicht", so eine Sprecherin von Mühlenhoff und Partner, einer der größten Beratungen in Deutschland. Dabei gibt es durchaus Möglichkeiten, mit gutem Gefühl zu gehen – selbst wenn im Kampf um die Stelle unschöne Dinge vorausgingen.

> **Tipp:** Es mag an dieser Stelle absurd klingen, aber auch der Umkehrschluss hat Gültigkeit: Wenn Sie Erkundungen über eine neue Firma einziehen und dabei erfahren, dass dort keine gute Abschiedskultur herrscht, sollten Sie sich zweimal überlegen, ob Sie wirklich dort arbeiten wollen.

Krank oder „sauer"? Enttäuschungen verarbeiten

Gerade wenn die letzten Wochen oder Monate vor einer Kündigung turbulent waren, liegt die Versuchung nahe, jetzt Fünfe gerade sein zu lassen. Dies umso mehr, wenn Sie vielleicht schon längst in Ihrem neuen Job glänzen wollten, Ihr jetziger Arbeitgeber Sie aber nicht aus der Pflicht entlassen hat. Dennoch: Unterliegen Sie nicht der Versuchung, sich auf Experimente wie eine „krankheitsbedingte" Abwesenheit unter gleichzeitiger Arbeitsaufnahme bei dem neuen Arbeitgeber einzulassen. Derlei Praxis wird immer öfter aufgedeckt, wobei in Extremfällen neben Schadensersatzforderungen sogar strafrechtliche Sanktionen drohen können.

Selbst wenn Ihnen Ihr bisheriger Arbeitgeber die rote Karte gezeigt hat und Sie wütend, enttäuscht oder traurig sind, widerstehen Sie der Versuchung krankzufeiern. Es gibt hierzu nur eine Ausnahme: Sie befinden sich in einer akuten Mobbing-Situation – dann hilft der Arzt mit einer Krankschreibung. Lassen Sie auch nicht die Arbeit absichtlich schleifen. Viele Betroffene unterschätzen hier die Machtverhältnisse. Nach wie vor sitzt der Arbeitgeber am längeren Hebel und schnell wird aus einer fristgerechten eine fristlose Kündigung. Kommunizieren Sie daher auch niemals Negatives nach außen. Es ist zwar immer besser, das Ausscheiden gegenüber Kunden oder Auftraggebern selbst bekannt zu geben, aber dies muss positiv erfolgen – und in Abstimmung mit dem Arbeitgeber.

Ab sofort arbeiten Sie für Ihren Ruf, und der wirkt noch nach, wenn Sie bereits gegangen sind. Sorgen Sie dafür, dass nicht Unmut und Streit der letzten Tage oder Wochen Ihre gesamte Leistung „überstrahlen". Abgesehen davon ist es auch für Sie selbst wichtig, den alten Job mit Anstand zu Ende zu bringen. Denn nur wer einen Lebensabschnitt wirklich abschließt, kann einen anderen beginnen. Das gilt insbesondere, wenn der Abschied unfreiwillig erfolgte, spielt aber letztlich bei jedem Ausscheiden eine Rolle. Die Wissenschaft spricht in diesem Zusammenhang vom sogenannten Zeigarnik-Effekt: Der Mensch fühlt sich demnach unwohl, wenn er etwas noch nicht abgeschlossen hat.

Und noch ein Aspekt sollte Sie davon abhalten, in Disharmonie zu gehen: das Zeugnis. Einen Anspruch haben Sie zwar in jedem Fall, verlaufen die letzten Tage und Woche im Unternehmen aber harmonisch, ist die Wahrscheinlichkeit am größten, dass Sie selbst Einfluss darauf nehmen können. Wenn Sie selbst eine Tätigkeitsbeschreibung liefern, haben Sie immerhin die Möglichkeit, die Prioritäten in Ihrem Sinne zu setzen. Vielleicht bittet man Sie sogar, gleich das gesamte Zeugnis selbst zu formulieren (worauf hierbei zu achten ist, siehe Abschnitt Seite 29). Nutzen Sie diese Chance – kaum jemand wird Ihnen wohlwollender gegenüberstehen als Sie selbst.

Tipp: Enthält das Zeugnis aus Ihrer Sicht Negativbeurteilungen, versuchen Sie es zunächst mit Diplomatie und einem konkreten Gegenvorschlag. Mitunter ist Zeugnisschreibern nicht bewusst, welche Aussagen zwischen den Zeilen stehen. Im Zweifel können Sie klagen, wobei jedoch einige Formulierungen grundsätzlich nicht einklagbar sind, beispielsweise kann der Arbeitgeber nicht verpflichtet werden, gute Wünsche für die Zukunft auszusprechen.

Und wenn es dann doch passiert, dass die Trauer Sie überwältigt? Lassen Sie es zu – aber außerhalb der Arbeitszeiten. Zeigen Sie Ihre Wut und den Frust nicht im Büro. Und vor allem: Sagen Sie nichts Schlechtes über Ihren Nachfolger. Das lässt Sie nur wie einen schlechten Verlierer aussehen. Wenn es Ihnen dagegen gelingt, ihm Glück zu wünschen und vielleicht sogar ein paar hilfreiche Insidertipps auf den Weg zu geben, ist Ihr Netzwerk ab sofort größer.

Im Zweifel holen Sie sich Hilfe von einem Experten. Outplacementberater können die richtigen Ansprechpartner sein, wenn der Wiedereinstieg noch nicht geglückt ist. Ansonsten hilft ein ganz normaler Psychologe.

Vom Wert eines geordneten Abgangs

Warum auch immer Sie gehen, Ihr Nachfolger – wenn es denn einen gibt – kann nichts dafür. Hinterlassen Sie also keinen Scherbenhaufen. Im Gegenteil: Erstellen Sie schnellstmöglich einen Projektplan: Wann ist welches Projekt abgeschlossen, welches müssen (oder wollen) Sie noch selbst abschließen, an wen werden die anderen übergeben? Unterstützen Sie die Einarbeitung eines Nachfolgers oder die Umverteilung der Aufgaben. Machen Sie eine Liste, wann welche Kollegen sofort informiert werden sollten beziehungsweise müssen. Agieren Sie offen und offensiv.

Das gilt auch für den Umgang mit Passwörtern und Ähnlichem. Behalten Sie nichts für sich, was Ihr Nachfolger braucht. Stellen Sie aber gleichzeitig Ihrem Arbeitgeber gegenüber klar, dass alle Betriebsgeheimnisse bei Ihnen bleiben werden. Je besser Sie verdeutlichen, dass Sie einen bestellten Acker hinterlassen werden, umso wohlgesonnener bleibt man Ihnen – und umso schneller haben Sie den Kopf frei für Ihre private Karriereplanung. Vergessen Sie nicht, neben dem Zeugnis Empfehlungen einzuholen.

Lieber vermeiden: das Abschlussgespräch

In Ratgebern für Führungskräfte liest man immer wieder, dass sie mit scheidenden Mitarbeitern unbedingt ein Abschlussgespräch führen sollten. Dieses böte eine gute Chance, nach negativen Aspekten zu fragen, weil in den letzten Tagen eines Arbeitsverhältnisses mit mehr Offenheit zu rechnen sei. Dennoch raten Psychologen den scheidenden Mitarbeitern eher davon ab, sich auf solche Abrechnungen einzulassen – eine Empfehlung, die auch hier im Vordergrund stehen soll. Den Betroffenen hilft es wenig bis gar nicht – und auch viele Vorgesetzte lassen sich nur halbherzig darauf ein und sind nicht wirklich an Ihrer Meinung interessiert, sondern wollen nur eruieren, was Sie eventuell weitererzählen könnten.

Lässt sich ein solches Gespräch nicht verhindern, hilft nur eines: mauern. Sie gehen nicht, weil irgendetwas nicht in Ordnung war, sondern vor allem, weil der neue Job Herausforderungen bereithält, die Sie reizen. Wenn Sie geschickt sind, können Sie den Spieß sogar umdrehen: Fragen Sie Ihren alten Chef, wie er Sie erlebt hat, und lassen Sie sich Tipps geben, was Sie im neuen Job eventuell besser machen können.

Und auch wenn es im ersten Moment positiv auf Sie wirkt: Seien Sie auf der Hut, wenn man Ihnen nach einer von Ihnen ausgehenden Kündigung ein Gegenangebot macht. Jetzt mag Not am Mann oder an der Frau sein. Dennoch wird man sich merken, dass Sie sich illoyal verhalten haben. Ergibt sich die Gelegenheit, wird man sich schneller von Ihnen trennen, als Ihnen lieb ist.

Feiern oder Weinen? Tipps für den Abschied

Gerade weil Abschiede so schwer zu ertragen sind, wäre es wichtig, für den letzten Tag in einem Unternehmen einen angenehmen Rahmen zu finden, darin sind sich Arbeitspsychologen und Karriereberater einig.

Das muss kein großes Fest sein, betont Claus Peter Müller-Thurau, Buchautor und Trainer, der Arbeitnehmer bei Um- und Aufstieg begleitet. Entscheidend ist, „dass man sich am Schluss noch etwas zu sagen hat". Selbst wenn die Zusammenarbeit nicht immer zu aller Zufriedenheit verlaufen sei, gelte es, „das Gute im Schlechten zu finden". Kritik dagegen sollten sich alle Seiten tunlichst verkneifen.

Obwohl er weiß, dass die Umsetzung manchmal schwierig ist, rät der Experte scheidenden Kollegen, auch dann aktiv den letzten Tag zu gestalten, wenn Vorgesetzter oder Unternehmen nicht mitspielen. Geht es gar nicht im Büro, weichen Sie in ein Lokal in der Nähe aus.

Neben einem kleinen Umtrunk gehört dazu auch, sich bei allen wichtigen Personen persönlich zu verabschieden. Bei engen Kollegen ist zumindest ein Telefongespräch angeraten. Bei allen anderen reicht in der heutigen globalen Zeit auch ein E-Mail. Entscheiden Sie vorher in Ruhe, wer zu welcher Gruppe gehört. Achten Sie bei Mailings gut darauf, wen Sie wie ansprechen. Wie im Arbeitsalltag ist auch der Verteiler einer Abschiedsmail politisch zu sehen. Setzen Sie nicht einfach alle auf CC, sondern überlegen Sie genau, wer sich in welcher Gesellschaft sehen möchte – und wen Sie im Zweifel zuerst nennen. Grundsätzlich gilt:

- Trennen Sie berufliche und private Kontakte. Sonst können Sie nicht adäquat formulieren.
- Vorgesetzte werden zuerst genannt, alle anderen alphabetisch.
- Lassen Sie den Verteiler nicht zu groß werden. Schicken Sie lieber mehrere Mails. Entsteht der Eindruck einer Massenmail, wird dies schnell als unhöflich empfunden.

Auch der Inhalt einer solchen Abschiedsmail will wohlüberlegt sein. Häme und Zynismus haben hier – ebenso wie beim persönlichen Abschied – nichts zu suchen. Das gilt in gleicher Weise für Anschuldigungen oder Abrechnungen. Steht etwas Falsches oder sogar strafrechtlich Relevantes in der Mail, könnte dies später gegen Sie verwendet werden.

Verkneifen Sie sich außerdem Sprüche wie: „Endlich geschafft" oder „Wer wagt, gewinnt". Ringen Sie sich stattdessen einen Dank für die Zusammenarbeit und eine positive Bemerkung zum ehemals gemeinsamen Arbeitgeber ab – auch wenn Ihnen noch so wenig danach ist.

Machen Sie kein Geheimnis aus Ihrem weiteren Lebensweg. Ein kurzer Satz, wohin Sie der weitere Weg führt und welche Herausforderungen auf Sie warten, ist in jedem Fall angebracht.

Denken Sie daran, dass auch Sie einmal solidarisch mit Ihrem alten Arbeitgeber waren. Deshalb sollten Sie die Gefühle der bleibenden Kollegen respektieren.

Tipp: Einen netten Eindruck macht es, wenn die Abschiedsmail Ihre neuen Kontaktdaten enthält. Aber klären Sie dies mit der Unternehmensleitung ab oder geben Sie nur private Daten an.

Kündigungsphasen und Fehler im Überblick

Kündigungen müssen immer verarbeitet werden, egal, von welcher Seite sie ausgehen. Dabei durchlaufen die Betroffenen fast immer ähnliche Phasen, geraten emotional unter Druck und machen Fehler. Diese Tabelle zeigt, welche das sind – und wie sie vermieden werden können.

Zeitraster		Eigenkündigung	Betriebsbedingte Kündigung
0–4 Wochen nach Kündigung	Phase 1 Verdrängung und Wut	**Falsch:** Verdrängung („Ist ja noch hin") oder Hyperaktivität **Richtig:** Erstellen Sie schnellstmöglich einen Projektplan. Informieren Sie alle relevanten Kollegen. Agieren Sie offen und offensiv. Vergessen Sie nicht, neben dem Zeugnis Empfehlungen einzuholen	**Falsch:** Wut, Verweigerung („Die werden schon sehen, was sie davon haben"), Boykott einer konstruktiven Übergabe, Schimpftiraden gegenüber Kollegen **Richtig:** Formalien regeln (Arbeitsagentur etc.). Offenlegung Ihrer Situation im eigenen Netzwerk. Aber Vorsicht: Vermeiden Sie die Opferrolle. Versuchen Sie zu agieren wie bei einer Eigenkündigung: Wirken Sie konstruktiv an einem Übergabeplan mit

3–7 Wochen nach Kündigung	Phase 2: Brückenbau in die Zukunft	**Falsch:** Volle Konzentration auf den neuen Job, Mitnahme von geschäftlichen Dokumenten und Dateien oder sonstigem Firmeneigentum (auch kein Radiergummi zur Erinnerung) **Richtig:** Professionell weiterarbeiten. Achtung: Wurde Informationssperre vereinbart, daran halten. Dennoch Kontakte (Kollegen, Kunden, evtl. auch Vorgesetzte) checken: Welche sind wichtig, welche will ich halten? Aus alten Kontakten neues Netzwerk aufbauen	**Falsch:** Volle Konfrontation (beispielsweise durch Krankschreibung oder Arbeitsverweigerung). Manch einer zerstört sich so einen über Jahre aufgebauten Ruf in wenigen Wochen. Ebenfalls kontraproduktiv: Klammern und zu starke Konzentration auf das alte Unternehmen **Richtig:** Übergabe zur eigenen Bestandsaufnahme nutzen. Standortbestimmung: Wo stehe ich, was habe ich bereits alles geleistet? Welche Wissensschätze habe ich angehäuft? Was kann/ muss ich weitergeben, was bleibt mir? Daneben natürlich auch extern am Ball bleiben
7–10 Wochen nach Kündigung	Phase 3: Angst und/oder Selbstzweifel	**Falsch:** Selbstzweifel oder Rückzug. Angst vor der eigenen Courage ist normal („Habe ich das richtig gemacht?"), Panik darf nicht aufkommen. Ebenso falsch: Rückzug und abwarten, bis die Zeit abgesessen ist **Richtig:** Offensiv bleiben. Spätestens jetzt muss informiert werden. Bei der externen und internen Information nicht die Zügel aus der Hand nehmen lassen; genauen Plan anfertigen	**Falsch:** Angst vor der Perspektivlosigkeit akzeptieren, fallen lassen. Ignorieren oder gar Verleugnen des Nachfolgers oder verbleibender Kollegen. Auch wenn Sie Unrecht empfinden: Die Kollegen sind nicht schuld **Richtig:** Im Zweifel selbst Hilfe suchen, Karriere- oder auch Outplacementberater, evtl. sogar Psychologen aufsuchen. Ansonsten gilt wie bei einer Eigenkündigung, dass es immer besser ist, das eigene Ausscheiden gegenüber Kunden oder Auftraggebern selbst bekannt zu geben

9–12 Wochen nach Kündigung	Phase 4 Planung und Organisation des Abschieds	**Falsch:** Ausschleichen. Die meisten Übergaben sind bereits erfolgt, einige müssen bis zum Schluss warten. Dies ist eine ruhige Phase, dennoch sollten Sie den Arbeitsalltag ernst nehmen **Richtig:** Letzte Überprüfung der Projekte. Wurde bereits alles, was relevant ist, übergeben? Fest/Umtrunk vorbereiten und offiziell dazu einladen, Abschiedsrede vorbereiten	**Falsch:** Flucht in Krankschreibung, ausschleichen. Gerade die letzten Wochen und Tage sind für viele die größte Belastung, dennoch sollten Sie sich stellen – schon um Ihrer Psyche willen: Wer einen Lebensabschnitt nicht abschließt, kann auch keinen neuen anfangen **Richtig:** Gute Miene zum bösen Spiel. Es hilft nichts, alles hinzuwerfen. Bringen Sie die Sache mit Anstand zu Ende. Abschiedsritual organisieren, wenn es kein offizielles gibt, dann unbedingt ein privates organisieren
Letzte Woche vor dem Ausscheiden	Übergabe	**Falsch:** Unfertige Vorgänge übergeben, Passwörter verweigern oder vergessen haben, Chaos auf Schreibtisch hinterlassen **Richtig:** Übergabe konkret vornehmen: Akten sortieren, Schreibtisch aufräumen, Passwörter übergeben. Sie muss vor dem letzten Arbeitstag abgeschlossen sein. Bei Unklarheiten weiterhin Unterstützung anbieten	**Falsch:** Unfertige Vorgänge übergeben, Passwörter verweigern oder vergessen haben, Chaos auf Schreibtisch **Richtig:** Korrekte Übergabe, Bereitschaft erkennen lassen, auch in den kommenden Wochen noch für Fragen zur Verfügung zu stehen

| Letzter Tag | Abschied | **Falsch:** Unschöne Abschiedsworte wie „Erstaunlich, dass ich es so lange hier ausgehalten habe". Zu langes oder ausschweifendes Ritual, Chaos in der Teeküche hinterlassen

Richtig: Kurzer Abschied (schließlich wollen Sie niemanden von der Arbeit abhalten). Wichtig: Danksagung an alle („Es war nett mit euch, ich habe mich hier sehr wohlgefühlt"). Hervorhebung der Kollegen, mit denen man besonders gut zusammengearbeitet hat | **Falsch:** Mimose spielen, ohne Abschied gehen

Richtig: Verabschieden Sie sich von allen wichtigen Personen persönlich, kein Nachkarten. Zeigen Sie Größe bis zum Schluss. Bei allen relevanten Personen Kontaktdaten hinterlassen |

8. Und jetzt geht's richtig los

Die Fettnäpfe beim Neueinstieg vermeiden

Sie haben es geschafft. Der Bewerbungsmarathon ist abgeschlossen, der neue Arbeitsvertrag unterschrieben. Schon vorab haben Sie sich über das Marktgeschehen und bei Freundesfreunden über die Unternehmenskultur informiert. Jetzt kann nun wirklich nichts mehr schiefgehen, oder?

Leider doch.

Die ersten Tage in einem neuen Unternehmen sind harte Arbeit: Sie kommen in eine neue Umgebung und müssen sich und Ihre Arbeit präsentieren. Gleichzeitig haben Sie die Aufgabe, möglichst schnell alle Arbeitsabläufe zu durchschauen, Ihre Kollegen kennenzulernen und alle informellen Beziehungsnetzwerke zu verstehen. Das geht nur, wenn Sie den Einstieg in das neue Unternehmen mit derselben Sorgfalt angehen wie zuvor den Ausstieg aus dem alten und den Bewerbungsprozess.

Dabei ist es zunächst einmal wichtig, Ihre Angst abzubauen. Viele Neueinsteiger betrachten die Probezeit als eine Phase, in der man ohne Probleme hinausgeworfen werden kann. Doch diese Sichtweise ist falsch. Genau wie für das Vorstellungsgespräch gilt auch für die Probezeit, dass sich beide Seiten auf dem Prüfstand befinden. Daher sollten auch beide die Zeit nutzen, um herauszufinden, ob sie zusammenpassen. Dabei geht es nicht nur um fachliche Leistungen, sondern auch um die Chemie.

Duzen oder siezen?
Von den Vorteilen des Hinguckens

Vermeiden Sie vom ersten Tag an typische Anfängerfehler. Dass das Outfit stimmt, versteht sich von selbst. Aber sorgen Sie auch dafür, dass Sie nicht völlig abgehetzt das Büro betreten. Das beste Gefühl fürs Timing bekommen Sie, indem Sie den Weg bereits im Vorfeld abfahren.

Den größten Respekt haben die meisten Neulinge vor der ersten Begegnung mit den neuen Kollegen – und das durchaus zu Recht. In der Regel treffen wir eine Einschätzung über Sympathie oder Antipathie des Gegenübers innerhalb weniger Sekunden. In der Tat kommt es darauf an, wie Sie jetzt auftreten, ob Sie natürlich und souverän wirken oder ängstlich und verunsichert. Nicht wenige Psychologen gehen sogar davon aus, dass aus dem ersten Eindruck eine selbsterfüllende Prophezeiung wird. In jedem Fall dürfte es Ihnen schwerfallen, wiedergutzumachen, was Sie sich in den ersten Minuten, Stunden und Tagen verscherzen.

Nicht einfacher wird Ihr Einstieg dadurch, dass die Kollegen zumeist wenig vorbereitet sind. Wenn Sie Glück haben, wissen sie zumindest, dass ein Neuer kommt. Wenn Sie Pech haben, nicht einmal das. Eine organisierte Einarbeitung gibt es in den wenigsten Fällen. In manchen Unternehmen gibt es zwar Mentoren, die den Start erleichtern sollen – auch dies ist jedoch oft genug nur blanke Theorie. Umso wichtiger ist es, dass Sie Ihren Einstieg gut vorbereiten.

Zunächst sollten Sie sich vorstellen, allerdings nur, wenn die Situation das hergibt. Sind alle sehr beschäftigt, kann es befremdlich wirken, wenn Sie herumgehen und jeden von der Arbeit abhalten. Passen Sie die richtige Gelegenheit ab und stellen Sie sich dann mit vollem Namen und der Funktion vor, die Sie ausfüllen werden. Eine heikle Frage ist oft die nach dem „Du" oder „Sie". Passen Sie auf, wie die anderen miteinander umgehen. Das „Du" sollten Sie erst anbieten, wenn Sie die Betriebssitten kennen. Andersherum gilt aber: Duzt man Sie sofort, weil dies im Betrieb üblich ist, sollten Sie sich gut überlegen, ob Sie sich dem entziehen wollen.

Dabei sind die Regeln für die ersten Stunden und Tage eigentlich einfach.
Erstens: Zunächst beobachten, dann handeln.
Zweitens: Im Zweifel fragen.

Manches mag Ihnen in dieser ersten Zeit seltsam vorkommen. Bleiben Sie ruhig und schauen Sie hin. Vielleicht haben die ungewohnten Abläufe einen Sinn, der sich Ihnen nicht sofort erschlossen hat. Je schneller es Ihnen gelingt, sich die Namen der neuen Kollegen, die Abteilungskürzel, wichtige Kunden und die Palette der Produkte zu merken, desto schneller läuft die Integration.

„Hier kommt Kurt!" – Von Aktionismus und Besserwisserei

Natürlich sollten Sie sich gerade in der Anfangszeit engagiert zeigen. Gleich in den ersten Tagen die Pausen zu überziehen macht einen genauso schlechten Eindruck, wie überpünktlich in den Feierabend zu starten. Andererseits kommt zu viel Aktionismus auch nicht gut. Insbesondere dann nicht, wenn Sie einfach drauflosstarten – ohne sich vorher mit den Rahmenbedingungen vertraut gemacht zu haben. Oder noch schlimmer: Wenn Sie gleich zu Anfang eingefahrene Abläufe umkrempeln.

Selbst offensichtliche Missstände sind erst mal tabu für Sie. Wenn Sie Ihren neuen Kollegen jetzt erklären, was sie alles falsch machen oder wie Sie es besser machen würden, haben Sie schon verloren. Zunächst einmal ist Zurückhaltung gefordert. Tragen Sie Ihre Ideen nur bei passender Gelegenheit vor und stempeln Sie niemanden als Dummkopf ab. Wer gleich die ganze Firma umstrukturieren will und damit Kompetenzen anzweifelt, wird keine Lorbeeren ernten, sondern stattdessen die neuen Kollegen vor den Kopf stoßen.

Viel geschickter ist es nachzufragen. Gerade am Anfang nimmt Ihnen das niemand übel. Im Gegenteil, man wird es als Interesse werten. Auch vermeintliche Nebensächlichkeiten bedürfen mitunter der Klärung: Bringt jeder seine eigene Kaffeetasse mit? Gibt es eine Kaffeekasse? Ist es üblich, zum Einstand eine Runde auszugeben?

> **Tipp:** Nicht nur die Kompetenz der neuen Kollegen anzuzweifeln ist ein grober Fehler. Lästern Sie im neuen Job auch nicht über Ihren alten Arbeitgeber oder die alten Kollegen. Der Einzige, der dabei diskreditiert wird, sind Sie.

Abwarten – aber nicht nur Tee trinken

Machen wir uns nichts vor: Fehler sind normal. Niemand erwartet von Ihnen, dass Sie sofort alles verstehen, alles richtig oder gar besser machen als die anderen. Was man einzig erwartet, ist Interesse. Also: Üben Sie sich in Geduld, aber lehnen Sie sich nicht zum Teetrinken zurück. Lernen Sie.

Gerade wenn es keine organisierte Einarbeitung gibt, sollten Sie aufmerksam beobachten, sich Notizen machen und sich damit beschäftigen. Nutzen Sie alle Informationsquellen (Mitarbeiterzeitschrift, Intranet, Handbücher usw.), um möglichst viel über Ihr neues Unternehmen und Ihre eigenen Aufgaben zu erfahren. Eine gute Möglichkeit, die Abläufe zu hinterfragen, bieten auch die Pausen. Soweit dies üblich ist, gehen Sie mit den Kollegen zum Mittagessen.

Halten Sie sich im Zweifel zurück, solange Sie die Rollen der Kollegen nicht sicher einschätzen können. Und lassen Sie sich niemals zu Kritik hinreißen. Eine falsche Bemerkung beim falschen Kollegen – und Sie sind raus.

In jedem Unternehmen gibt es Mitarbeiter, die mehr Gewicht haben als andere. Diese sollten Sie möglichst schnell identifizieren. Selbst in normalen Situationen, also wenn jemand schon lange in einem Unternehmen ist, scheitern viele Karrieren daran, dass jemand die Zusammenhänge nicht versteht. Das zeigt eine im Jahr 2006 durchgeführte Studie des BDU (Bund Deutscher Unternehmensberater). Die Unfähigkeit, die firmeninternen Spielregeln zu durchschauen, ist der zweithäufigste Grund, warum jemand bei Beförderungen übergangen wird. Noch fataler ist dieses Nichtverstehen in einem neuen Job. Wer sich mit den Falschen verbündet, hat keine Chance.

■ Service: Fettnäpfchen, die Sie vermeiden können

Falsches Duzen oder Siezen Achten Sie auf die Betriebssitten!

Aktionismus Auch wenn Sie zeigen wollen, was Sie können: Arbeiten Sie nicht wie ein Workaholic. Das macht den Anfang bei Ihren Kollegen nicht einfacher.

Passivität Im Gegenzug sollten Sie sich aber auch nicht zu passiv verhalten. Gehen Sie selbst auf die Kollegen zu. Fragen Sie, ob Sie sie in die Kantine begleiten dürfen.

Plauderei Erzählen Sie nicht zu viel Privates – weniger ist mehr.

Nachwort

Und wenn doch etwas schiefgeht? Alles noch mal auf null …

Alles ist gelungen. Der Abgang ist geglückt. Die ersten 100 Tage – oder auch ein paar weniger – im neuen Job sind vorüber. Es gab keine wirkliche Krisensituation. Dennoch haben Sie kein gutes Gefühl. Der alte Job hat Ihnen mehr Spaß gemacht, es passt irgendwie nicht mit dem Vorgesetzten, die Aufgabe ist nicht so anspruchsvoll, wie es den Anschein hatte, die Kollegen sind Ihnen zu steif …

Bewahren Sie Ruhe und eruieren Sie genau, woran und auch an wem es liegt. Der einfachste Weg dazu ist das Gespräch. Die Münchner Karriereberaterin Adelheid Wurzer rät, zunächst einmal das informelle Gespräch mit Kollegen oder auch dem Vorgesetzten zu suchen und nachzuhaken: „Wie sind die ersten Wochen Ihrer Meinung nach gelaufen? Wie sehen Sie mich?" Auf diese Weise merken Sie schnell, ob das Unbehagen nur auf Ihrer Seite liegt oder ob sich auch die Kollegen unwohl fühlen. Haben Sie dann das Gefühl, dass die anderen die Situation weit positiver sehen als Sie selbst, ist die nächste Frage, ob sich das, was Sie stört, ändern lässt. Auch hier hilft vorsichtiges Herantasten an die Sache. Ist man bereit, beispielsweise Abläufe oder Aufgabenverteilungen zu ändern? Vielleicht haben Sie nur etwas missverstanden.

Bringen Sie die Gespräche nicht weiter oder finden Sie vielleicht sogar heraus, dass Ihr Unwohlsein unternehmenstypisch ist und auch vor Ihnen schon Kollegen vorzeitig gegangen sind, müssen Sie eine klare Entscheidung treffen. Denn wenn Sie sich jetzt entschließen zu bleiben – vielleicht sogar, obwohl Sie sich bewusst getäuscht fühlen –, dann muss dieser Entschluss eine Weile Bestand haben. Trauen Sie sich nicht zu, aus taktischen Karrieregesichtspunkten etwa zwei Jahre durchzuhalten, dann gibt es nur eine Alternative: Reißleine ziehen – und zwar rechtzeitig.

Viele Betroffene, so Personalberater Marcel Derakhchan, haben zwar in solchen Momenten die richtige Intuition, trauen sich aber nicht, sie auch umzusetzen. Sein Rat: „Stellen Sie sich die ehrliche Frage, ob Sie Ihr Ziel erreicht haben. Wenn nicht: Ziehen Sie die Konsequenzen." Einen Wechsel nach zwei bis drei Monaten kann man später jederzeit erklären. Halten Sie die Probezeit durch, vielleicht sogar noch ein paar Monate länger, kann es schwierig werden. Jedenfalls dürfen es dann keine persönlichen Gründe sein, mit denen Sie Ihren späten Schnitt begründen. Ob die Atmosphäre stimmt, merkt man schließlich nach ein paar Wochen.

Und ganz wichtig: Haben Sie Ihre Entscheidung getroffen, gehen Sie offensiv damit um. Möglicherweise können Sie sich, wenn Ihr Urteil frühzeitig fällt, ein paar Wochen Zeit nehmen, um (auch) die zweite Runde zunächst undercover zu starten (siehe Kapitel 1, Seite 11 ff.). Haben Sie diese Zeit nicht mehr, gehen Sie in die Offensive. Kündigen Sie selbst. Erklären Sie offen, dass es nicht passt. Vermeiden Sie aber auch hier Schuldzuweisungen – selbst wenn sie möglicherweise berechtigt wären. Betonen Sie stattdessen, dass Irren menschlich ist. Eine gute Formulierung könnte lauten: „Wahrscheinlich haben wir uns bei manchen Dingen missverstanden. Es sieht so aus, als ob wir beide auf Dauer nicht glücklich miteinander würden."

Verhalten Sie sich fair, steigt auch die Chance, dass auch das Unternehmen respektive Ihr Vorgesetzter sich fair verhalten – und Sie weitgehend unbeschadet aus der Sache wieder herauskommen. Starten Sie einfach noch einmal durch. Wie das geht, wissen Sie inzwischen.

Der erfolgreiche Jobwechsel auf einen Blick

Kleine Handlungsanleitung

1. Reagieren Sie möglichst frühzeitig auf die Zeichen des Marktes. Nehmen Sie die Gerüchteküche ernst. Agieren Sie selbst.

2. Verlassen Sie sich nicht auf vermeintliche Sicherheiten. Manch einer steht schneller auf der Straße, als er meint.

3. Hängen Sie Ihren Frust nicht an die große Glocke – weder vor noch nach einer Kündigung.

4. Informieren Sie Kollegen oder gar den Vorgesetzten auf keinen Fall zu früh, denn von da an sind Sie von allen wichtigen Informationen abgeschnitten.

5. Stellen Sie Ihr Profil in die relevanten Online-Portale ein. Tun Sie dies frühzeitig. Erste Erfolge zeigen sich frühestens nach vier bis sechs Monaten.

6. Nehmen Sie Kontakt mit ausgewählten Personalberatern Ihrer Branche auf. Signalisieren Sie Ihr Interesse an neuen Herausforderungen in allen relevanten Netzwerken, aber werden Sie nicht zu deutlich, ehe die Kündigung tatsächlich ausgesprochen ist.

7. Wenn noch nicht absehbar ist, ob und wann Sie wechseln werden, nutzen Sie bereits die Zeit, um sich zunächst im eigenen Haus zu profilieren. Beteiligen Sie sich an Projekten, die für die Zukunft relevant sind, schlagen Sie sinnvolle Sparmöglichkeiten vor. Sorgen Sie dafür, dass Ihr Engagement auch extern publik wird (Netzwerke, Arbeitskreise).

8. Überarbeiten und vervollständigen Sie Ihre Bewerbungsunterlagen.

9. Kümmern Sie sich um Ihr Selbstmarketing. Erarbeiten Sie Ihr eigenes Stärkenprofil. Besonders in der Krise geht es um Effizienz. Im Bewerbungsgespräch müssen Sie kurz und knapp darlegen können, worin Ihre Stärken liegen. Unterstützung bieten Karriereberater.

10. Besorgen Sie sich ein Zwischenzeugnis.

11. Überdenken Sie Ihre Flexibilität. Längere Anfahrtswege oder geringeres Gehalt können trotzdem zielführend sein.

12. Ist die Kündigung bereits ausgesprochen, bewahren Sie Ruhe.

13. Gehen Sie selbst, bereiten Sie die Trennung sorgfältig vor. Beachten Sie die Fristen.

14. Nutzen Sie alle Bewerbungswege: Print, online, persönlich.

15. Befassen Sie sich mit der Psychologie des Vorstellungsgespräches, und zwar nicht nur in der ersten Runde.

16. Bei potenziellen Stellenangeboten: Bleiben Sie kritisch, sich selbst und Ihrem Können gegenüber – aber auch dem suchenden Unternehmen.

17. Ist die Entscheidung zum Wechsel gefallen, nutzen Sie auch Ihren Abgang zur Profilierung.

18. Hinterlassen Sie einen bestellten Acker.

19. Agieren Sie im neuen Unternehmen besonnen. Lernen Sie, hören Sie zu.

20. Nehmen Sie die eigenen Gefühle ernst – auch wenn sie negativ sind. Im Zweifel: Starten Sie neu!

Adressen

Allgemein

Büro für Berufsstrategie GmbH
Oranienburger Straße 4–5, 10178 Berlin
Telefon: 0 30/28 88 57–0
www.berufsstrategie.de

Bundesagentur für Arbeit
Regensburger Straße 104, 90478 Nürnberg
Arbeitnehmer: 0 18 01/55 51 11*
* Festnetzpreis 3,9 ct/min; Mobilfunkpreise höchstens 42 ct/min.
www.arbeitsagentur.de

Bundesanstalt für Arbeitsschutz und Arbeitsmedizin (BAuA)
Friedrich-Henkel-Weg 1–25, 44149 Dortmund
Tel. 02 31/90 71–0
E-Mail: poststelle@baua.bund.de
www.baua.de

Bundesverband Deutscher Unternehmensberater (BDU)
Zitelmannstraße 22, 53113 Bonn
Tel. 02 28/91 61–0
E-Mail: info@BDU.de
www.bdu.de

DGfK – Deutsche Gesellschaft für Karriereberatung e.V.
Deutsche Gesellschaft für Karriereberatung e.V. (DGfK)
Kurfürstendamm 54/55, 10707 Berlin
Tel. 0 30/22 68 24 16
E-Mail: info@dgfk.org
www.dgfk.org

Die Führungskräfte e.V..
Leitung: Rechtsanwalt Sebastian Müller
Markgrafenstraße 35, 10117 Berlin
E-Mail: mueller@die-fuehrungskraefte.de
www.die-fuehrungskraefte.de

Vereinigung der Deutschen Executive Search Berater (VdESB)
Ferdinandstraße 6, 61348 Bad Homburg v.d.H.
Tel. 0 61 72/18 02 55
E-Mail: info@vdesb.de
www.vdesb.de

Zentrale Auslands- und Fachvermittlung
Villemombler Straße 76, 53123 Bonn
Tel. 02 28/713 13 13
E-Mail: ZAV-Bonn@arbeitsagentur.de
www.arbeitsagentur.de

Berater/Experten

Karriere-, Personal- und Outplacementberater

Barbara Ahrens
Management- und Karriereberatung
Else-Lang-Straße 6, 50858 Köln
Tel. 02 21/752 29 04
E-Mail: mail@barbara-ahrens.de
www.barbara-ahrens.de

Monika Birkner
CoachConsulting
Kaiserstraße 91, 63065 Offenbach
Tel. 0 69/93 99 65 35
E-Mail: mailto@monika-birkner.de
www.monika-birkner.de

Doris Brenner
Falkenstr. 11, 63322 Rödermark
Tel. 0 60 74/86 24 44
E-Mail: Doris.Brenner@t-online.de
www.karriereabc.de

Marcel Derakhchan
LAB Lachner Aden Beyer & Company GmbH
Willy-Brandt-Platz 2, 81829 München
Tel. 0 89/4 57 09 78-0
E-Mail: muc@labcompany.net
www.labcompany.net

Dr. Horst G. Kaltenbach
Gröbenbachstraße 34, 82194 Gröbenzell
Tel. 0 81 42/5 21 36
E-Mail: kaltenbach@kaltenbachconsulting.de
www.kaltenbachconsulting.de

Madeleine Leitner
Karriere-Management
Ohmstraße 8, 80802 München
Tel. 0 89/33 07 94 44
E-Mail: ml@karriere-management.de
www.madeleine-leitner.de

Herbert Mühlenhoff
Experte für Outplacement
Mühlenhoff + Partner GmbH
Kaistraße 13, 40221 Düsseldorf
Tel. 02 11/5 58 67–60
E-Mail: info@muehlenhoff.com
www.muehlenhoff.com

Claus Peter Müller-Thurau
Training + Development Human Resources
Elbchaussee 1, 22765 Hamburg
Tel. 0 40/8 70 15 34
E-Mail: Mueller-Thurau@t-online.de
www.mueller-thurau.de

Uwe Schnierda
Christian Püttjer, Uwe Schnierda, Annika Schnierda
Karriereakademie GbR
Raiffeisenstraße 26, 24796 Bredenbek
Tel. 0 43 34/18 37 87
E-Mail: team@karriereakademie.de
www.karriereakademie.de

Christine Schretter
Karriereberaterin/Job40plus
Jutastraße 7, 80636 München
Tel. 0 89/41 61 07 78–0
E-Mail: schretter@job40plus.de
www.job40plus.de

Dr. Reinhard K. Sprenger
Hadlaubstrasse 107, CH-8006 Zürich
Tel. 00 41/7 99 36 23 82
E-Mail: reinhard@sprenger.com
www.sprenger.com

Dr. Adelheid Wurzer – Coach.net GmbH
Promenadeplatz 10, 80333 München
Tel. 0 89/22 80 23 46
E-Mail: info@coachnet-muenchen.de
www.coachnet-muenchen.de

Experten (Web)-Kommunikation

Klaus Eck – Eck Kommunikation
Oskar-von-Miller-Ring 36, 80333 München
Tel. 0 89/44 23 69 91
E-Mail: mail@eck-kommunikation.de
www.eck-kommunikation.de

Markus Hübner – Brandflow
Wilhelm-Greil-Straße 23, A-6020 Innsbruck
Tel. 00 43/5 12 56 02 39
E-Mail: office@brandflow.at
www.brandflow.at

Roland Panter – Wirtschaftsfaktor Sprache
Unternehmensberatung für erfolgreiche Kommunikation
Roland Panter
Marienstraße 12, 31311 Uetze
Tel. 0 51 73/69 09 86
www.wirtschaftsfaktor-sprache.de

Arbeits(markt)experten

Arbeitsrechtler, Arbeits- und Organisationspsychologen
Dr. Ferdinand Brüggehagen
Die Arbeitsrechtler
Georgsplatz 19, 30159 Hannover
Tel. 05 11/80 74 07–0
E-Mail: BuK@dieArbeitsrechtler.de
www.diearbeitsrechtler.de

Dr. Martin Hensche – Hensche Rechtsanwälte
Kanzlei Berlin
Fachanwalt für Arbeitsrecht
Tel. 0 30/26 39 62–0
E-Mail: hensche@hensche.de
www.hensche.de

Sebastian Müller
(siehe Die Führungskräfte e.V.)

Prof. Dr. Ulrich Preis
Rechtswissenschaftliche Fakultät der Universität zu Köln
Albert-Magnus-Platz, 50923 Köln
Tel. 02 21/4 70 22 18
E-Mail: jura-dekanat@uni-koeln.de
www.jura.uni-koeln.de

Gerhard Rieger
Rieger Endres Rechtsanwälte
Schwanthalerstraße 10, 80336 München
Tel. 0 89/5 99 88 66
E-Mail: info@rae-rieger.de
www.rae-rieger.de

Natascha Roschmann
Fachanwältin für Insolvenzrecht, Rechtsanwaltskanzlei Roschmann
Tummelplatzweg 4, 87700 Memmingen
Tel. 0 83 31/4 98 46 47
E-Mail: kanzlei@gelbe-stadtvilla.de
www.ra-roschmann.de

Johannes Schultze
Arbeitsplatzkonfliktberater in München
Erreichbar über XING https://www.xing.com/profile/Johannes_Schultze3;
key=c031ab4baee18d72.0

Rolf van Dick
Arbeitspsychologe an der Universität Frankfurt
Johann Wolfgang Goethe-Universität – Institut für Psychologie
Abteilung Sozialpsychologie
Kettenhofweg 128, 60054 Frankfurt am Main
Tel. 0 69/7 98-2 37 27
E-Mail: van.dick@psych.uni-frankfurt.de
www.sozialpsychologie.uni-frankfurt.de

Wirtschaftsdatenbanken

Creditreform e.V.
Hellersbergstraße 12, 41460 Neuss
Tel. 0 21 31/1 09–0
E-Mail: kontakt@kreditreform.de
www.creditreform.de

Genios German Business Information
GBI-Genios Deutsche Wirtschaftsdatenbank GmbH
Freischützstraße 96, 81927 München
Tel. 0 89/99 28 79–0
E-Mail: info@genios.de
www.genios.de

Service-Kästen Übersicht

Literatur

Bolles, Richard Nelson: Durchstarten zum Traumjob, Campus Verlag Frankfurt, 2009

Eck, Klaus: Karrierefalle Internet, Hanser Wirtschaft, 2008

Hahn, Thorsten: 77 Irrtümer des Networking, FinanzBuch Verlag, 2009

Hofert, Svenja: Jobsuche und Bewerben im Web 2.0, Eichborn, 2008

Müller-Thurau, Claus Peter: Testbuch Vorstellungsgespräche, Haufe-Lexware, 2009

Püttjer, Christian/**Schnierda**, Uwe: Arbeitszeugnisse formulieren und entschlüsseln, Campus Verlag, 2010

Sprenger, Reinhard K: Die Entscheidung liegt bei dir: Wege aus der alltäglichen Unzufriedenheit, Campus Verlag, 2010

Verzeichnisse Rechtsanwälte

Jahrbuch Kanzleien und Rechtsanwälte, Juve Verlag, www.juve.de

Kanzleien in Deutschland: Eine Auswahl deutscher Wirtschaftsanwälte, Nomos Verlagsgesellschaft mbH & Co. KG, 2009